Jan Kruse · Kay Biesel · Christian Schmieder

Metaphernanalyse

Qualitative Sozialforschung

Herausgegeben von
Ralf Bohnsack
Uwe Flick
Christian Lüders
Jo Reichertz

Die Reihe Qualitative Sozialforschung
Praktiken – Methodologien – Anwendungsfelder

In den letzten Jahren hat vor allem bei jüngeren Sozialforscherinnen und Sozialforschern das Interesse an der Arbeit mit qualitativen Methoden einen erstaunlichen Zuwachs erfahren. Zugleich sind die Methoden und Verfahrensweisen erheblich ausdifferenziert worden, so dass allgemein gehaltene Orientierungstexte kaum mehr in der Lage sind, über die unterschiedlichen Bereiche qualitativer Sozialforschung gleichermaßen fundiert zu informieren. Notwendig sind deshalb Einführungen von kompetenten, d. h. forschungspraktisch erfahrenen und zugleich methodologisch reflektierten Autorinnen und Autoren.

Mit der neuen Reihe soll Sozialforscherinnen und Sozialforschern die Möglichkeit eröffnet werden, sich auf der Grundlage handlicher und überschaubarer Texte gezielt das für ihre eigene Forschungspraxis relevante Erfahrungs- und Hintergrundwissen über Verfahren, Probleme und Anwendungsfelder qualitativer Sozialforschung anzueignen.

Zwar werden auch grundlagentheoretische, methodologische und historische Hintergründe diskutiert und z. T. in eigenständigen Texten behandelt, im Vordergrund steht jedoch die Forschungspraxis mit ihren konkreten Arbeitsschritten im Bereich der Datenerhebung, der Auswertung, Interpretation und der Darstellung der Ergebnisse.

Jan Kruse · Kay Biesel
Christian Schmieder

Metaphernanalyse

Ein rekonstruktiver Ansatz

Bibliografische Information der Deutschen Nationalbibliothek
Die Deutsche Nationalbibliothek verzeichnet diese Publikation in der
Deutschen Nationalbibliografie; detaillierte bibliografische Daten sind im Internet über
<http://dnb.d-nb.de> abrufbar.

1. Auflage 2011

Alle Rechte vorbehalten
© VS Verlag für Sozialwissenschaften | Springer Fachmedien Wiesbaden GmbH 2011

Lektorat: Frank Engelhardt

VS Verlag für Sozialwissenschaften ist eine Marke von Springer Fachmedien.
Springer Fachmedien ist Teil der Fachverlagsgruppe Springer Science+Business Media.
www.vs-verlag.de

Das Werk einschließlich aller seiner Teile ist urheberrechtlich geschützt. Jede Verwertung außerhalb der engen Grenzen des Urheberrechtsgesetzes ist ohne Zustimmung des Verlags unzulässig und strafbar. Das gilt insbesondere für Vervielfältigungen, Übersetzungen, Mikroverfilmungen und die Einspeicherung und Verarbeitung in elektronischen Systemen.

Die Wiedergabe von Gebrauchsnamen, Handelsnamen, Warenbezeichnungen usw. in diesem Werk berechtigt auch ohne besondere Kennzeichnung nicht zu der Annahme, dass solche Namen im Sinne der Warenzeichen- und Markenschutz-Gesetzgebung als frei zu betrachten wären und daher von jedermann benutzt werden dürften.

Umschlaggestaltung: KünkelLopka Medienentwicklung, Heidelberg
Druck und buchbinderische Verarbeitung: Ten Brink, Meppel
Gedruckt auf säurefreiem und chlorfrei gebleichtem Papier
Printed in the Netherlands

ISBN 978-3-531-17356-6

Inhalt

I	Einleitung	7
II	Erkenntnistheoretische Grundlagen einer rekonstruktiven (Metaphern-)Analyse	12
II.1	Rekonstruktive Analyse als ein Problem des Fremdverstehens	12
II.2	Rekonstruktive Analyse als ein Problem der Analyse kommunikativer Verständigung	19
II.3	Rekonstruktive Analyse als ein Problem des habituellen Standpunktes	24
II.4	Die sprachliche (Re-)Konstruktion von Wirklichkeit – ein konstruktivistisches Fazit	27
III	Allgemeine Grundlagen rekonstruktiver Analyse	30
III.1	Rekonstruktive Analyse und ihre linguistischen Grundlagen	30
III.2	Methodologische Grundannahmen rekonstruktiver Analyseverfahren	38
III.3	Rekonstruktive Analyse: ein integratives Basisverfahren	46
IV	Metapherntheoretische Grundlagen	63
IV.1	Leben in Metaphern	63
IV.2	Die metaphorische Strukturierung der Erfahrung	68
IV.3	Metaphern als kulturelle Fußabdrücke	73
IV.4	Möglichkeiten und Grenzen rekonstruktiver Metaphernanalyse	75
IV.5	Metaphernarten nach Lakoff und Johnson	76
IV.6	Das Verhältnis zu anderen Metapherntheorien	80
IV.7	Lakoff und Johnsons Metaphernverständnis: Problematiken, Kompromisse, Modifikationen	83
IV.8	Forschen in Metaphern: Zur Rolle von Metaphern bei der wissenschaftlichen Generierung von Wissen	88
V	Methodik und Praxis der Metaphernanalyse	93
V.1	Analyseschritte und praktisches Vorgehen	93
V.2	Metaphernanalyse und QDA-Software	103
V.3	Rekonstruktive Metaphernanalyse in der Forschungs- und Schreibpraxis – ein Beispiel	107
VI	Ausblick: Texte eröffnen und (metaphorischen) Sinn erschließen	118
VII	Literatur	121

Abbildungsverzeichnis

Abbildung 1	Verstehen = Fremdverstehen	13
Abbildung 2	Das erweiterte semiotische Dreieck	32
Abbildung 3	Die Konstruktion sprachlich-kommunikativer Bedeutung von Zeichen, Begriffen	33
Abbildung 4	Die vier Aufmerksamkeitsebenen der integrativen, texthermeneutischen Analysemethode	53
Abbildung 5	Eine Metapher ist eine Gleichung plus einer Ungleichung	64
Abbildung 6	Die vier Schritte der rekonstruktiven Analyse von Metaphern	94
Abbildung 7	Screenshot „Codieren"	104
Abbildung 8	Screenshot „Fragmentiert"	104
Abbildung 9	Screenshot „Sicht anpassen"	106

I   Einleitung

Das Interesse an metaphernanalytischen Auswertungsmethoden hat in der qualitativen Sozialforschung stark zugenommen. Die Metaphernanalyse – als *analytischer Blick* auf metaphorische Konzeptionen in qualitativen Daten – durchdringt als ein rekonstruktiver Ansatz verschiedene Forschungsverfahren. Dies wird zum Beispiel in der Diskursanalyse sehr deutlich, in der die Metaphernanalyse eine besondere Bedeutung erlangt hat (vgl. Keller 2006); auch in Bohnsacks Dokumentarischer Methode dienen Metaphern bspw. zur Identifikation und Selektion besonders relevanter Textpassagen (z.B. Bohnsack 2000). Daneben wird die Metaphernanalyse aber auch als ein eigenständiges Verfahren zu begründen versucht, was sich ausgehend von den Arbeiten von Rudolf Schmitt (exemplarisch Schmitt 2003, 1997) zeigt.[1]

Was sind ‚Metaphern'? Was ist ‚Metaphernanalyse'? Und warum trägt dieses Buch den Titel: ‚Metaphernanalyse – *ein rekonstruktiver Ansatz*'?

Grundsätzlich folgt die Metaphernanalyse einer ganz spezifischen *Haltung* gegenüber Sprache: als sinnkonstituierendes Symbol- bzw. Zeichensystem im Zusammenhang der Repräsentation von Welt und Wirklichkeit ‚in den Köpfen der Menschen' (vgl. Goodenough 1957). Lakoff und Johnson, die maßgeblich die Metaphernanalyse als Forschungsprogramm entwickelt haben, verstehen dabei Metaphern nicht – wie üblicherweise in der Literatur oder im Alltagsgebrauch – als ein spezifisches rhetorisches Stilmittel. Sprache ist *an sich* metaphorisch – und die menschliche Kognition und Sinnkonstruktion sowie die Repräsentation von Wirklichkeit selbst vollziehen sich in Metaphern. Lakoff und Johnson führen hierzu prägnant aus:

„Die Metapher ist für die meisten Menschen ein Mittel der poetischen Imagination und der rhetorischen Geste – also dem Bereich der außergewöhnlichen und nicht der gewöhnlichen Sprache zuzuordnen. Überdies ist es typisch, dass die Metapher für ein rein sprachliches Phänomen gehalten wird – also eine Frage der Worte und nicht des Denkens oder Handelns ist. Aus diesem Grunde glauben die meisten Menschen, sehr gut ohne Metaphern auskommen zu können. Wir haben dagegen festgestellt, dass die Metapher unser Alltagsleben

---

[1] Allerdings führt er auch aus, dass die Metaphernanalyse als eigenständige Methode unter Umständen dem Forschungsfokus nicht gerecht werden kann: „Die Metaphernanalyse ist nur für bestimmte Fragestellungen und nicht für jedes Material uneingeschränkt tauglich" (Schmitt 2003: § 26); er schlägt infolgedessen die ‚Triangulation' mit anderen Methoden vor (a.a.O.: §§ 26–30). Dies darf jedoch nicht darüber hinwegtäuschen, dass in den gegenwärtigen Begründungsversuchen, der Rezeption und Anwendung die Metaphernanalyse immer stärker zu einem eigenständigen Verfahren avanciert, was sicherlich auch an sozialen Prozessen von Schulenbildung liegt (vgl. Przyborski/ Wohlrab-Sahr 2008: 185).

durchdringt, und zwar nicht nur unsere Sprache, sondern auch unser Denken und Handeln. Unser alltägliches Konzeptsystem, nach dem wir sowohl denken als auch handeln, ist im Kern und grundsätzlich metaphorisch. [...] Unsere Konzepte strukturieren das, was wir wahrnehmen, wie wir uns in der Welt bewegen und wie wir uns auf andere Menschen beziehen. Folglich spielt unser Konzeptsystem bei der Definition unserer Alltagsrealitäten eine zentrale Rolle. Wenn, wie wir annehmen, unser Konzeptsystem zum größten Teil metaphorisch angelegt ist, dann ist unsere Art zu denken, unser Erleben und unser Alltagshandeln weitgehend eine Sache der Metapher." (Lakoff/Johnson 2003: 11)

Diese Konzeptualisierung geht zurück auf die kognitive Linguistik, die eine *Homologie*, ein Hand-in-Hand-Gehen sprachlich-kognitiver Figuren und der Versprachlichungen selbst annimmt. Bekannt geworden ist dieser Ansatz auch in der kognitiven Anthropologie von Ward E. Goodenough (1957), der Kultur als eine ‚spezifische Ordnung der Dinge in den Köpfen der Menschen' betrachtet (siehe hierzu ausführlicher *Kapitel III.3* sowie *Kapitel IV.2*). Die Metaphernanalyse stellt in dieser Hinsicht ein im Prinzip einfaches und sehr ergiebiges rekonstruktives Analyseverfahren dar, und ihr Programm ist auch eigentlich leicht formulierbar: *Über die Analyse der metaphorischen Wahlen von Sprechern bzw. Sprecherinnen können mehr oder weniger direkt die ihnen zugrunde liegenden Repräsentations- und Relevanzsysteme rekonstruiert werden.*

Programmatische Vorüberlegungen

Bei der Fundierung unseres metaphernanalytischen Verfahrens wird deutlich, dass die Metaphernanalyse als ein *rekonstruktives Verfahren* hoch voraussetzungsvoll ist und auf einem Fundament semiotischer, linguistischer und kognitionspsychologischer Grundlagen aufbaut. Der zentrale Ausgangspunkt ist u.E. die Grundfrage, wie durch die An- bzw. Verwendung sprachlicher Zeichen bzw. Symbole (sozialer) Sinn konstruiert wird. Damit werden verschiedene erkenntnistheoretische und methodologische Grundprobleme aufgeworfen: Wie ‚funktioniert' überhaupt das ‚*Verstehen*' sprachlicher Sinnkonstruktionen? Wie ‚funktioniert' ‚*Sprache*'?[2] Welche Probleme begegnen uns hierbei? Und wie geht die Metaphernanalyse damit um?

Seit einigen Jahren ist bei der Bearbeitung dieser erkenntnistheoretischen und methodologischen Fragen rekonstruktiver Analyseverfahren die folgende Entwicklung in der qualitativen Forschung zu beobachten: Verschiedene Analyseverfahren differenzieren sich immer stärker aus – vor allem in Bezug auf ihre eigene methodische Semantik bzw. Metaphorik. Der Preis dessen ist, dass jene Verfahren ihre gegenseitige Anschlussfähigkeit verlieren.

---

[2] In dem vorliegenden Buch fokussieren wir auf sprachliche Phänomene der Sinnkonstruktion. Sozialer Sinn wird selbstverständlich nicht allein darüber konstruiert, sondern gerade auch auf der Basis nicht- bzw. parasprachlicher Sinnkonstruktion (vgl. Kardorff 1995: 4).

Diese Entwicklung ist unserer Einschätzung nach kritisch zu betrachten. Denn nicht ein Verfahren gibt vor, wie ein Text zu analysieren ist. Es ist der *Text als autonome Gestalt* (vgl. Lucius-Hoene/Deppermann 2002), der dem Interpreten bzw. der Interpretin zu verstehen gibt, wie er analysiert werden sollte. Berücksichtigt man diese offene Haltung gegenüber einem Text nicht, ist die methodisch geforderte Offenheit rekonstruktiver Analyse bereits aufgegeben. An ihrer Stelle haben sich Omnipotenzphantasien breit gemacht, dass die sprachlich-kommunikativen Phänomene eines Textes allumfassend mit dem jeweiligen alleinigen Verfahren ‚geknackt' werden können. Anders bzw. *metaphorisch* ausgedrückt: In vielen methodisch ausformulierten Analyseverfahren scheint der Anspruch zu regieren, *den Schlüssel* gefunden zu haben für die Rekonstruktion sprachlich-kommunikativen Sinns innerhalb textueller Phänomene.

Dies gilt u.E. auch für die methodologische Fundierung der Metaphernanalyse, die gegenwärtig als ein eigenständiges Verfahren errichtet wird (vgl. Niedermair 2001: 163). Dies scheint gerade in Anlehnung an Lakoff und Johnson (2003) ja auch verführerisch nahe zu liegen. Denn der Ansatz von Lakoff und Johnson ist ja – pointiert ausgedrückt –, dass *die* Sprache und *die* Realität *eine* Sache *der* Metapher sind. Aber inwieweit kann die sprachlich-kommunikative Sinnproduktion auf Metaphern reduziert werden? Wir vertreten folgende Position: Metaphern sind zwar ein mächtiger Bestandteil der sprachlich-kommunikativen Sinnproduktion. Doch diese kann und darf deshalb nicht auf Metaphern allein reduziert werden.[3] Um die Komplexität sprachlich-kommunikativer Sinnproduktion zu rekonstruieren und zu verstehen, muss eine Vielzahl an anderen sprachlich-kommunikativen Phänomenen analytisch verfolgt werden. Um ein paar zu nennen: Agency-Konstruktionen (vgl. Lucius-Hoene/Deppermann 2002: 59), Positioning (vgl. ursprünglich Hollway 1984; siehe auch Harré/van Langenhove 1999 sowie Lucius-Hoene/Deppermann 2002: 196ff.), Diskurs- bzw. Gesprächsorganisation (vgl. Deppermann 2001; Korobov 2001), verschiedene Formen uneigentlicher Rede, argumentative Strategien, die Verwendung verschiedener Textsorten bzw. Gattungen und vieles andere mehr.

Bleibt man hier einen Moment stehen, fällt auf, dass die sprachlich-kommunikative Sinnkonstruktion auf einer Vielzahl pragmatischer, syntaktischer und semantischer Phänomene beruht. Zwar spielen auch innerhalb dieser Phänomene Metaphern wieder eine bedeutsame Rolle. Sie sind jedoch in diesen weiteren Rahmen eingebettet und ihre Funktion bzw. ihr Sinn kann auch nur durch die Analyse dieses weiteren Rahmens sprachlich-kommunikativer Phänomene rekonstruiert und verstanden werden. Hierzu wird ein analytisches Basisverfahren notwendig, das diese rekonstruktive Kontextualisierung von Metaphern über eine umfassendere Sensibilisierung für sprachlich-kommunikative Phänomene ermöglicht – und auch bis zum Schluss offen

---

[3] Wir entgehen damit auch dem zurecht von Niedermair (2001:155) angesprochenen Problem der Verengung in der Metaphernanalyse.

lässt, ob auf die rekonstruktive Analyse von Metaphern fokussiert wird oder andere sprachlich-kommunikative Phänomene.

Metaphernanalyse: *Ein* wichtiger Schlüssel

Unser Anliegen mit diesem Buch ist es also gerade nicht, die Metaphernanalyse als ein eigenständiges Verfahren zu positionieren: Das Buch ist eine Einführung in die Metaphernanalyse. Und aufgrund der sprachlichen Verankerung dieses analytischen Ansatzes ist unser Ausgangspunkt zunächst nicht die Metaphernanalyse als solche. Wir erreichen die Metaphernanalyse, indem wir sie auf ein offenes, d.h. rekonstruktionslogisch-analytisches, Basisverfahren aufbauen. Hierfür versuchen wir methodologisch und praktisch-anschaulich zu zeigen, wie wichtig eine *suspensive Haltung* gegenüber dem Medium Sprache als ein hochkomplexes, sinngenerierendes System in der Praxis eines/einer rekonstruktiv Sozialforschenden ist. In diesem Zusammenhang möchten wir auch linguistische Basiskompetenzen vermitteln: Wir versuchen das semiotisch-linguistische sowie das textanalytische Grundvokabular zugänglich und handhabbar zu machen, das u.E. in der forschungspraktischen Anwendung im Prinzip aller rekonstruktiven Analyseverfahren notwendig wird. Ziel dessen ist es, die *Sensibilität* gegenüber Sprache zu überführen in eine methodisch fundierte und nachvollziehbare sowie zugleich offene und anschlussfähige Analysepraxis. Allerdings könnte auch uns vorgeworfen werden, dass wir den Anspruch verfolgen, *den Schlüssel* zur Rekonstruktion sprachlich-kommunikativen Sinns innerhalb textueller Phänomene bereitstellen zu wollen. Um dieser möglichen Kritik zu begegnen, möchten wir im metaphorischen Rahmen bleiben: Wir beanspruchen nicht, *den Schlüssel* bereitzustellen. Wir verweisen darauf, dass im Rahmen eines offenen, rekonstruktionslogischen Analyseansatzes ein *ganzer Schlüsselbund, d.h. ein ganzer Bund an Schlüsseln*, notwendig ist, um sich die Komplexität sprachlich-kommunikativer Sinnkonstruktionen *erschließen* zu können. Für diesen Schlüsselbund ist es allerdings aus methodologischer Perspektive notwendig, einen *Ring* zu formulieren, der die Schlüssel als Bund auch zusammenhält, und der gerade auch die Verbundenheit mit dem Schlüssel ‚Metaphernanalyse' – der in diesem Buch schließlich im Mittelpunkt stehen soll – herstellen kann.

Das Ziel dieses Buchs ist es somit, die Metaphernanalyse als einen rekonstruktionslogischen Schlüssel zur Analyse sprachlich-kommunikativer Phänomene auf der Basis der Explikation eines forschungspraxisorientierten analytischen Basisverfahrens (der ‚Ring', vgl. hierzu auch Kruse 2010, Oktober; Kruse 2009a; Kruse 2009b; Kruse 2009c; Helfferich/Kruse 2007) zu positionieren.

Aufbau des Buchs

Um die von uns abgesteckten Ziele zu erreichen, ist dieses Buch wie folgt aufgebaut:
Im *Kapitel II* führen wir in erkenntnistheoretische und methodologische Grundlagen rekonstruktiver Analysearbeit ein, um die Metaphernanalyse als rekonstruktives Verfahren – zukünftig abgekürzt mit *rekonstruktiver Metaphernanalyse* – umfassender einzubetten. Das Ziel ist hierbei, einen *integrativen* Zugang zu der Komplexität des Gegenstandes rekonstruktiver Verfahren zu schaffen, die in Kommunikations- bzw. Versprachlichungsprozessen besteht.

Im *Kapitel III* werden die ausgeführten erkenntnistheoretischen und methodologischen Grundlagen in methodische Grundprinzipien rekonstruktiver Analysepraxis überführt, um so die Ausgangsbasis für die praktische Fundierung einer rekonstruktiven Metaphernanalyse zu schaffen. Im Mittelpunkt steht hierbei die Darstellung eines integrativen Basisverfahrens für die rekonstruktive Analyse sprachlich-kommunikativer Phänomene. Dessen Stärke liegt darin, systematisch für die Komplexität von sprachlich-kommunikativen Phänomenen zu sensibilisieren. Hierdurch können Sinnkonstruktionen als ein zentraler Bestandteil sprachlich-kommunikativer Phänomene so offen wie möglich erschlossen werden.

Im *Kapitel IV* wird dann spezifisch in die metapherntheoretischen Grundlagen eingeführt. Dabei steht die Vorstellung und Diskussion des Ansatzes von Lakoff und Johnson (2003) im Mittelpunkt.

Im *Kapitel V* werden sodann die methodischen und praktischen Schritte der rekonstruktiven Metaphernanalyse vorgestellt – direkt an einem Textbeispiel. Im Anschluss daran wird skizziert, wie die praktischen Schritte einer rekonstruktiven Metaphernanalyse mittels QDA-Software realisiert werden können. Den Abschluss dieses Praxiskapitels bildet eine exemplarische Darstellung, wie metaphernanalytische Ergebnisse im Rahmen eines größeren Forschungsprojektes generiert und vor allem präsentiert werden.

Das abschließende *Kapitel VI* dient als ein Ausblick, in dem aus einer Metaperspektive Forschen *über* Metaphern als ein Forschen *in* und *mit* Metaphern reflektiert wird.

II Erkenntnistheoretische Grundlagen einer rekonstruktiven (Metaphern-)Analyse

Die Ausführungen in diesem Kapitel dienen als Einführung in zentrale erkenntnistheoretische und methodologische Aspekte und Problemfelder, mit denen sich alle rekonstruktiven Analyseverfahren auseinandersetzen und sich innerhalb dieser verorten müssen. Dies gilt insbesondere für die rekonstruktive Metaphernanalyse, die eine spezifische Perspektive auf die Rekonstruktion sprachlich-kommunikativer Phänomene darstellt. Zunächst müssen verschiedene Grundsätzlichkeiten geklärt werden, die dabei helfen, das Ziel des Buches zu erreichen: nämlich die Metaphernanalyse in einem rekonstruktionslogischen Gesamtzusammenhang zu fundieren. Hierfür sollen einige zentrale erkenntnistheoretische und methodologische Zugänge zum komplexen Feld der rekonstruktiven Analyse sprachlich-kommunikativer Phänomene – wie die bspw. der Metaphern – eröffnet werden (*Kapitel II.1*). In *Kapitel II.2* werden die methodologischen Grundprinzipien rekonstruktiven Analysierens vorgestellt. Praktisch zugespitzt werden diese in der Vorstellung eines analytischen Basisverfahrens (*Kapitel II.3*), welches Grundlage und Ausgangspunkt der von uns verfolgten Metaphernanalyse ist. Das *Kapitel II.4* stellt ein konstruktivistisches Fazit dar, welches für die weiteren Ausführungen des Buches rahmengebend ist.

II.1 Rekonstruktive Analyse als ein Problem des Fremdverstehens

Metaphern verstehen – und was andere mit Metaphern versuchen auszudrücken – ist Ziel der Metaphernanalyse. Doch was verstehen wir unter Verstehen? Das zentrale Erkenntnisprinzip rekonstruktiver Analyseverfahren ist das des Verstehens. Verstehen ist allerdings ein ganz alltägliches Programm der Welterschließung, der Wirklichkeitsauslegung (vgl. Soeffner 2004; Hitzler et al. 1999). Doch was heißt Verstehen? Ronald Hitzler (1993: 223f.) definiert Verstehen als „jenen Vorgang [...], der einer Erfahrung Sinn verleiht." Verstehen ist also ein Prozess der Bedeutungsgabe und aus transzendentalphilosophischer Überlegung (vgl. Kurt 2002, 1995) somit der subjektiven Sinnkonstruktion. Hierbei muss aber betont werden, dass dieser ‚subjektiv gemeinte Sinn' nie rein idiosynkratischer Art ist, da jeder Mensch ja einer Wirklichkeit gegenübertritt, der er und vor allem auch *andere* Menschen zuvor schon Sinn verliehen haben, wodurch sie *sozial konstruiert* geworden ist. Der Prozess des Verstehens, d.h. der Bedeutungsverleihung zur Herstellung subjektiv gemeinten Sinns, impliziert somit zahlreiche vorangegangene Verstehensleistungen, die gerade auch durch andere vollzogen worden sind. Die Zuschreibung von Sinn bezieht sich dann auf eine *soziale Wirklichkeit*, also auf eine bereits durch andere mit Sinn versehene Wirklichkeit. Soziale Wirklichkeit stellt somit im Grunde genommen ein Gebilde aus geronnenem kommunikativen Sinn dar. Bereits Alfred Schütz (1974) hat darauf hingewiesen, dass damit Verstehen stets ein *Fremdverstehen* darstellt. Ronald Hitzler (1993: 223f.) definiert dabei in Anlehnung an Schütz Fremdverstehen als „jenen Vorgang [...], der einer Erfahrung den Sinn verleiht, dass sie sich auf ein Ereignis in der Welt bezieht, dem alter ego bereits einen Sinn verliehen hat." Was dies bedeutet, wird leicht verständlich, wenn wir betrachten, dass menschliche Fremdverstehensleistungen in der Regel in Kommunikationsprozesse eingebettet sind, womit auch eine direkte Verbindung zur Forschungspraxis der Datenerhebung und -auswertung in der qualitativen Interviewforschung hergestellt ist. Die folgende Grafik soll dies veranschaulichen:

Abbildung 1   Verstehen = Fremdverstehen

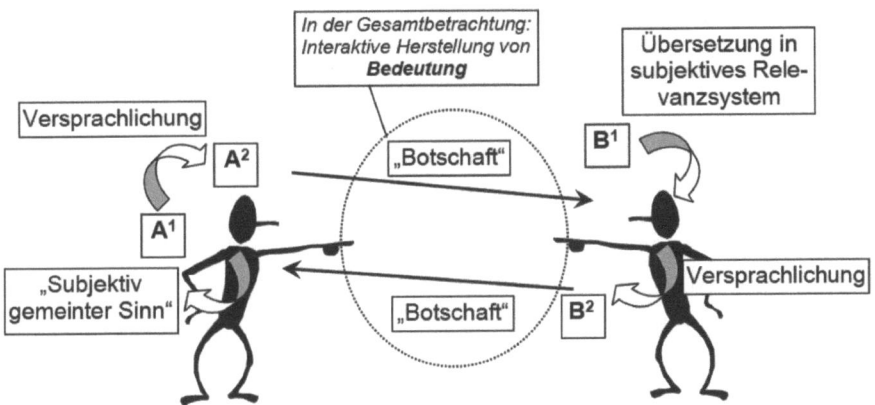

An dieser Stelle sei jedoch eine wichtige Vorbemerkung angebracht: Wie die Grafik augenscheinlich macht, rekurriert sie auf das Schema des nachrichtentechnischen Kommunikationsmodells von Shannon und Weaver (als Einführung hierzu siehe Auer 1999: 7ff.), was aber im Grunde genommen gar nicht beabsichtigt ist:
Denn das Ziel ist es hier nicht, die situations- und kontextgebundene sowie prozesshafte, interaktive Herstellung (sprachlicher) Kommunikation bzw. kommunikativer Verständigung zu klären (siehe hierzu auch die *Kapitel I.2* und *I.3*). Dies wäre mit diesem mechanistischen ‚Rohrpost-' bzw. ‚Pingpongmodell' aus verschiedenen Gründen überhaupt nicht möglich (vgl. wieder Auer 1999: 14ff.). Auch wenn Sprecher/in und Hörer/in gemeinsam kommunikative Informationen austauschen, ‚senden' sie sich nicht isolierte ‚Botschaften' hin- und her, sondern der kommunikative Sinn ihres Verständigungsprozesses resultiert in der Gesamtbetrachtung überhaupt erst in dem interaktiven Kontext ihrer gemeinsamen Herstellungsleistung. Dies liegt vor

allem daran, dass die ‚Botschaften', welche die Sprecher/innen und Hörer/innen ‚austauschen', aufgrund dieser interaktiven, kontextbezogenen Herstellungsleistung nicht auf idiosynkratischen Konzeptionen „subjektiv gemeinten Sinns" (Schütze) beruhen, also keine individuellen sprachlichen ‚Verpackungen' darstellen. Denn in jeder Formulierung einer ‚Botschaft' steckt erstens bereits der gesamte emergente Stand des kommunikativen Kontextes, und zweitens wird jede Formulierung einer ‚Botschaft' in Hinblick auf den/die Hörer/in konzipiert:

> „Die mathematische Kommunikationstheorie setzt eine bestimmte ‚Nachricht' als mentale Entität im Kopf des Sprechers voraus, die quasi schon fertig verpackt vorliegt und in den Sender eingespeist wird. [...] Realistisch kann aber nur ein Modell der Kommunikation sein, das berücksichtigt, dass bei der Formulierung einer Botschaft durch einen Sprecher Bezug auf den Informationsstand genommen wird, den dieser beim Hörer vermutet. Während er seine Nachricht formuliert (was oft ja nicht in einem wohlgeordneten Satz passiert, sondern in mehreren Anläufen), hat der Hörer immer wieder Gelegenheit, in den Formulierungsprozess einzugreifen und so zu signalisieren, ob diese Vorannahmen des Sprechers über sein Hintergrundwissen richtig waren. Schon in die Konzipierung der Nachricht geht also eine Annahme über die *destination* mit ein; der Weg von der Nachricht zum Empfänger ist nicht unidirektional, sondern eher mit einem reflexiven Hin und Her vergleichbar; die Botschaft liegt nicht schon vor Beginn des Kommunikationsprozesses fest, sondern entsteht in ihm." (Auer 1999: 15f.)

Zudem ist es auch fraglich, wie ‚subjektiv' der ‚subjektiv gemeinte Sinn' überhaupt sein könnte, der einer ‚Botschaft' eines Kommunikanten bzw. einer Kommunikantin zugrunde liegt. Vielmehr ist doch jeder ‚subjektive' Sinn umfassend sozial und damit *kollektiv*. Bergmann (1988, Kurseinheit 3: 27) führt in diesem Zusammenhang aus, dass Verstehen in Kommunikationsprozessen nicht möglich wäre,

> „[...] wenn Verstehen als ein rein mentaler, subjekt-interner, nach außen abgeschotteter Vorgang abliefe. Das soll natürlich nicht heißen, dass es keine strukturierten Weisen des subjektiven Sinnverstehens gibt, sondern vielmehr: dass die Resultate, zu denen die sinnverstehenden Leistungen führen, solange der wechselseitigen Kontrolle und Inspektion durch die Interaktionspartner verschlossen bleiben, solange diese sich nicht auf der Verhaltensebene manifestieren."

Damit wird u.E. deutlich, dass z.B. auch der Konversationsanalyse vor dem Hintergrund eines ihrer originären Ziele, nämlich der Analyse der Sequenzierung von Kommunikation in Sprecher-Hörer-Situationen, im Grund genommen zuerst einmal noch ein ‚Sender-Empfänger'-Modell zugrunde liegt (vgl. Kruse 2010, Oktober: 23). Sie macht aber anders als das nachrichtentechnische Kommunikationsmodell deutlich, dass sich hierbei sprachliche Verständigung erst in dem wechselseitigen Interaktionsprozess ausdrückt und somit der kommunikative Sinn überhaupt erst als *prozessuales Resultat* hergestellt wird. Genau dieser Aspekt wird jedoch in der alltagspraktischen Konzeption von Kommunikation nicht bewusst gemacht. Auer (1999: 17) resümiert hierzu:

> „Unabhängig davon, dass das nachrichtentechnische Kommunikationsmodell für die faktische Beschreibung sprachlicher Interaktion unter Menschen recht ungeeignet ist, bleibt ein anderer Aspekt festzuhalten: das ‚Rohrpost'-Modell, in dem Nachrichten feste Einheiten in ‚Gefäßen' sind, die ein Sender dem Empfänger aushändigt oder schickt, ist tief in unserer alltäglichen Sprachideologie verwurzelt."

Die interaktive und somit emergente (also sukzessiv aus sich selbst heraus im zeitlichen Fortgang entwickelnde) Herstellung von kommunikativer Verständigung zu klären, ist also nicht das Ziel der folgenden Ausführungen. Vielmehr möchten wir in einem grundsätzlichen Rekurs auf Alfred Schütz darauf hinweisen, dass in jeder Sprecher-Hörer-Situation Verstehensleistungen auf *Fremdverstehensprozessen* beruhen, und dass, um Fremdverstehen tatsächlich zu ermöglichen, spezifische *reflexive* und *kommunikative Leistungen* notwendig sind. Hierfür genügt im Sinne einer Komplexitätsreduktion das oben dargestellte einfache Sprecher-Hörer-Modell, das lediglich eine iterative Momentaufnahme in einem komplexen Kommunikationsprozess wiedergibt, in der kommunikativer Sinn stets wechselseitig und emergent hergestellt wird.

Was ist also Verstehen?
Verstehen in Kommunikationssituationen ist ein Prozess, bei dem ein/e Kommunikant/in (A) stets eine Deutung dessen vornimmt, was ihm bzw. ihr von Kommunikant/in (B) mitgeteilt wird. Jede/r der beiden Kommunikanten bzw. Kommunikantinnen kommuniziert dabei auf der Basis ihres bzw. seines eigenen Wissenshintergrundes bzw. Relevanzsystems, das semantisch-indexikal[4] angelegt ist: Die Botschaft (a), die Kommunikant/in (A) mitteilt, kann Kommunikant/in (B) nur verstehen, indem sie bzw. er sie an ihr bzw. sein Relevanzsystem (b) adaptiert. Verstehen – kognitionspsychologisch betrachtet – ist also die Übersetzung des zu Verstehenden in das eigene semantisch-indexikale Relevanzsystem. Verstehen stellt damit immer das Verstehen von Fremdem dar, denn alles, was außerhalb unseres eigenen Relevanzsystems existiert, ist uns grundsätzlich fremd. Genau diese Tatsache wird jedoch in alltäglichen Kommunikationsprozessen bewusst ausgeblendet: Wie Alfred Schütz (1974) herausgearbeitet hat, werden nur mit der „Reziprozität der Perspektiven" Kommunikation und Verstehen praktisch überhaupt erst möglich. Diese „Reziprozität der Perspek-

---

[4] Die Indexikalität menschlicher Sprache und Kommunikation meint, zusammengefasst, dass alle Begriffe und Sprechakte unweigerlich erstens situational kontextgebunden sind und zweitens nur im Zusammenhang mit weiteren Begriffen und Sprechakten deutbar werden. Semantischer Sinn ist also immer nur in einem Netzwerk – in einem Index – weiterer Begriffe und Sprechakte rekonstruierbar, die jeweils zwei Sinnebenen haben: erstens eine denotative, allgemein geteilte Sinnebene, und zweitens eine konnotative, subjektive oder auch idiosynkratische Sinnebene. Gerade letztere Ebene führt dann zu jenen basalen Verständnisproblematiken menschlicher Kommunikation (siehe hierzu ausführlicher das Kapitel III.1).

tiven" beruht auf zwei idealisierenden Unterstellungen, nämlich auf der „Idealisierung der Vertauschbarkeit der Standpunkte" und der „Idealisierung der Kongruenz der Relevanzsysteme" (siehe hierzu ausführlicher z.B. Kurt 1995: 160ff.). Psathas (1973: 273f.) führt in diesem Zusammenhang aus:

> „[...] dass Menschen annehmen – und zugleich annehmen, dass andere annehmen –, dass wenn ich meinen Platz mit dem anderen tausche, so dass sein ‚Hier' das meine wird, ich in der gleichen Distanz zu den Dingen stehen und sie in der gleichen Typizität sehen werde wie er; – darüber hinaus, dass die gleichen Dinge in meiner Reichweite liegen wie für ihn (und dass das Umgekehrte ebenso wahr ist). Weitere Bestandteile der Bedingungsstruktur menschlicher Existenz sind einerseits, dass die Welt als eine intersubjektive für gesichert genommen und angenommen wird – nämlich die Unterstellung, dass diese Welt gestern bereits existierte und morgen existieren wird –, und andererseits, dass andere diese Handlungen als verständlich wahrnehmen können, vorausgesetzt, dass sie den Wissensbestand unserer Gesellschaft teilen."

Fremdverstehen ist also grundsätzlich eine Deutung von Fremdem. Aber es bleibt stets eine Selbstdeutung, eine Selbstauslegung, da wir eben nur mit unserem Relevanzsystem verstehen können. Hierauf hat ebenfalls Alfred Schütz bereits pointiert hingewiesen (Schütz 1974: 156), was in der rekonstruktiven Methodologie aber immer wieder allzu leicht vergessen zu werden scheint. Mit anderen Worten: Wenn wir versuchen fremdzuverstehen, verstehen wir immer nur *uns selbst* – oder eben auch nicht. In der sozialwissenschaftlichen Hermeneutik wird dies zum Programm der Analyse fremden Sinns erhoben:

> „Vom Standpunkt der Phänomenologie ist das Fremdverstehen eine besondere Art des Selbstverstehens. Anders gesagt: Ein Individuum versteht die sozialen Ausdrucksweisen eines anderen Individuums, indem es sich selbst auslegt – als uninteressierter Analytiker seines Fremdverstehens. Einen Begriff von Weber aufnehmend, könnte man hier auch von einem doppelten methodologischen Individualismus sprechen. Der Sozialphänomenologe interessiert sich zwar für andere – und nicht für sich, aber der Weg zum anderen führt in der Phänomenologie über das eigene Ich." (Kurt 2002: 164f.; siehe auch Kurt 1995: 160ff.)

In der Konsequenz heißt dies: Dass Kommunikant/in (B) das Mitgeteilte so versteht, wie es Kommunikant/in (A) gemeint hat, ist niemals gegeben, es bleibt ihm bzw. ihr fremd. Verstehen ist somit immer nur als eine relative Annäherung aufgrund von Idealisierungen und von praktischen Aushandlungen sowie akzeptierten kommunikativen Basisregeln möglich. Wenn also Verstehen immer ein Fremdverstehen von bereits (durch andere) Verstandenem ist, wie kann man sich dann sicher sein, dass das Fremdverstandene so verstanden wurde, wie es zuvor bereits verstanden wurde? Einfacher ausgedrückt: Wie können wir uns sicher sein, dass unsere Sinnzuschreibung von etwas zu Verstehendem mit der Sinnzuschreibung identisch ist, die durch andere bereits vollzogen worden ist? In dieser Hinsicht gibt es schließlich keine Sicherheit;

Fremdverstehen ist im erkenntnistheoretischen Sinne im Prinzip gar nicht möglich (vgl. hierzu auch Kurt 2009)!

Die Konsequenz: Das Prinzip der Offenheit
Hieraus ergibt sich dann auch die Begründung des zentralen Prinzips der Offenheit für die qualitative Forschung: Wenn wir keine andere Möglichkeit haben, als nur mit unserem eigenen Relevanzsystem zu verstehen, ist es notwendig, soweit wie möglich zu versuchen, unser eigenes Relevanzsystem zwar nicht *zurückzustellen* – dies ist nicht möglich – aber *zurückzunehmen*. Eine Zurücknahme ist allerdings nur möglich, wenn man sich auf sein eigenes Relevanzsystem *selbstreflexiv sensibilisiert*, sich also für seine Akte der Selbstauslegung beim Fremdverstehen gerade auch *theoretisch sensibilisiert*.[5] Es muss versucht werden, das eigene Relevanzsystem soweit wie möglich zu öffnen, um das Fremde an sich *heranzulassen*[6], um dessen eigene Sinnstrukturen sich entfalten lassen zu können. Im Zusammenhang mit dem „induktivistischen Selbstmissverständnis" (Kelle 1996) sei an dieser Stelle darauf hingewiesen, dass diese erkenntnistheoretische Bewegungsumkehr natürlich nicht im strengen Sinne möglich ist, da Verstehen stets einen dialektisch verschränkten Prozess von Induktion und Deduktion darstellt. Dies ist auch der Grund dafür, dass eine „Attitüde der künstlichen Dummheit" (Hitzler 1986) eine völlig irreführende Metapher für qualitative Forschung ist, da sie suggeriert, die deduktiven Anteile der Verstehensprozesse ausschalten zu können, frei nach dem Motto: ‚wir tun so, als ob wir nichts wüssten und dumm sind'. Die im Rahmen des ethnografischen Paradigmas herausgearbeitete Befremdung der eigenen Kultur[7] bedeutet somit auch nicht, wie bereits ausgeführt, das Zurückstellen der eigenen Vorannahmen und eine theorielose oder theorieabstinente Forschung, sondern eben gerade die (reflexive) *theoretische Sensibilisierung* für die eigenen impliziten präsuppositiven Konzepte, um so Offenheit zu ermöglichen. Offenheit bedeutet also, dass wir versuchen, unser Relevanzsystem durch eine theoretische Sensibilisierung zu kontrollieren, um so im Forschungsprozess nicht gleich zu stark unser eigenes Relevanzsystem und damit unsere Sinnstrukturen in die fremden Sinnstrukturen *hineinzulegen*. Denn ansonsten verstehen wir von dem fremden

---

[5] Wobei unter ‚Theorie' ganz allgemein selektive Modelle oder Konzepte – die sich aus dem (Vor-)Wissen des Forschers bzw. der Forscherin bilden – der (Re-)Konstruktion von Wirklichkeit bzw. der Deutung von Welt verstanden werden sollen.
[6] Um so den Bewegungsvorgang, der in der lexikalisierten Metapher des „ver-stehens" begründet liegt, umzukehren: Man soll nicht seinen Standpunkt („stehen", Relevanzsystem) „ver-lassen", um den Standpunkt des anderen einzunehmen, sondern man soll den anderen Standpunkt auf sich zukommen lassen, wofür man sich öffnen muss. Diese metaphorische Bewegungsumkehr zeigt sich z.B. sehr schön in dem französischen „com-prendre".
[7] Zur ethnografischen Fremdheitsannahme und Verfremdungshaltung siehe Hirschauer/Amann (1997).

Sinnsystem nichts, sondern nur uns selbst bzw. nur das, was uns passt, und somit nur das, was wir ohnehin bereits wissen.[8]

Hieraus folgt letzten Endes, dass neue Erkenntnis nur dann möglich wird, wenn wir *irritiert* werden (vgl. Devereux 1973; siehe auch Breuer 2009; Scholz 2005: 393ff.): Die *Irritation* unseres eigenen Relevanzsystems ist der Wegweiser zu neuer Erkenntnis bzw. zum Verstehen fremden Sinns. Wer im Forschungsprozess nicht mannigfaltige Situationen der Irritation verspürt und diese Irritation zum Anlass der Reorganisation des eigenen Relevanzsystems nimmt, forscht *tautologisch*. Forschung, so folgt daraus weiter, muss stets in höchstem Maße reflexiv sein: Wer forscht, muss nicht nur die eigenen Forschungsgegenstände erforschen, sondern stets auch noch die eigene Forschung erforschen. Dies bedeutet praktisch, dass wir, wenn wir andere erforschen, meistens mehr über uns selbst erfahren, und dass wir uns dies vergegenwärtigen müssen, um Erkenntnisfortschritte im weiteren Forschungsprozess ermöglichen zu können (vgl. ausführlicher Kruse 2009a, 2009b).

Die rekonstruktive Analyse sprachlich-kommunikativen Sinns ist als Fremdverstehensprozess – in Anlehnung an Hitzler – eben jener Verstehensprozess, bei dem ein Sinn verliehen wird in der Art, dass sich dieser Sinn auf einen vorausgegangenen Verstehensprozess bezieht, der in der Forschungssituation dann sprachlich dargestellt wird. Der Fremdverstehensprozess rekonstruktiver Analysepraxis ist somit nicht nur ein Verstehensprozess zweiter Ordnung (das Verstehen von bereits Verstandenem), sondern im Prinzip sogar ein Verstehensprozess dritter Ordnung: Es ist ein Fremdverstehen des fremdverstandenen Fremdverstandenen. Denn rekonstruiert wird ja stets sozialer Sinn, also individuelle Sinngebungsprozesse in einer Wirklichkeit, der bereits Sinn verliehen wurde, also in einer Wirklichkeit, in der Sinn stets interaktionell hergestellt wird.

> **Relevanz für die Analyse von Metaphern**
> Die Relevanz des Problems des Fremdverstehens für die rekonstruktive Analyse von Metaphern besteht vor allem darin, sich darüber klar zu werden, das ‚Verstehen' nichts Gegebenes ist, sondern immer etwas interaktiv Hergestelltes (siehe hierzu auch das folgende *Kapitel II.2*). Der Erfolg des Verstehens fremden Sinns, der insbesondere metaphorisch strukturiert ist, besteht zudem in der Reflexion der eigenen Relevanzsysteme, welche aber selbst metaphorisch strukturiert sind. Wenn wir Metaphern und metaphorische Sinnstrukturierung verstehen möchten, müssen wir uns über die Grenzen und Möglichkeiten von Verstehen im Klaren sein. Irritation spielt dabei eine tragende Rolle: Denn wenn wir metaphernanalytisch an Sprache herangehen möchten, müssen wir gewohnte Sicht- und Denkmuster über Bord werfen – und gleichzeitig unser Analyseverhalten scharf in den Blick nehmen. Die Metaphernanalyse an sich ist ein Analysieren mit einer bestimmten Brille und ein Analysieren nach bestimmten Regeln. Das Problem des Fremdverstehens

---

[8] Und was nicht passt, weil wir es nicht wissen, wird – so lehrt uns die Pragmatik des Alltags – einfach passend gemacht (vgl. Soeffner 2004).

liefert jedoch die Rahmung dieser Regeln, denn es zwingt uns, stetig über unsere Erkenntnisprozesse und -strategien zu reflektieren.

II.2 Rekonstruktive Analyse als ein Problem der Analyse kommunikativer Verständigung

Sprachliche Kommunikation ist stets *situations- bzw. kontextgebunden*. Sprachlichkommunikativer Sinn wird also jeweils zu einer bestimmten Zeit und an einem bestimmten Ort intersubjektiv hergestellt. Damit ist es situativ gesehen nicht ganz so leicht ‚fremdzuverstehen', in welcher Situation und aus welchem Grund sprachliche Äußerungen von Menschen vorgenommen werden. Fest steht jedenfalls, dass wirkliches Fremdverstehen unmöglich ist (vgl. *Kapitel I.1*). Doch wie kommunizieren wir miteinander? Wie stellen wir in einer bestimmten Situation kommunikativen Sinn her? Welchen Fallstricken sind wir dabei ausgesetzt, wenn wir den Versuch der kommunikativen Verständigung wagen? Und letzten Endes: Wie kann man mit Hilfe von rekonstruktiven Analyseverfahren angemessen verstehen, unter welchen Kontextbedingungen die zu untersuchende kommunikative und damit soziale Wirklichkeit entstanden ist, wenn diese eben eine dialogische Konstitution ist wie bei der Analyse qualitativer Interviews? Und welchen Beitrag kann hierzu eine Analyse von Metaphern leisten?

Da sprachliche (und nicht-sprachliche) Äußerungen erst ihren Sinn mit der Bedeutungs- und Verstehenszuweisung der daran beteiligten Akteurinnen und Akteure erhalten – *Sprache ohne Menschen als Medium also sinnentleert ist und bleibt* – haben wir bei der rekonstruktiven Analyse von qualitativen Interviews und schließlich bei den dabei jeweils eine Rolle spielenden Metaphern eine *dreifache Problemstellung* zu bewältigen:

1. Hinsichtlich des *sozialen Entstehungskontextes der Interviewsituation* sind qualitative Sozialforscherinnen und Sozialforscher dazu aufgefordert, zu rekonstruieren, wie sie oder andere mit den Interviewten sozial interagiert haben und welche kommunikativen Phänomene dadurch provoziert worden sind (vgl. Helfferich 2005).
2. In Hinblick auf die *rekonstruktive Analysesituation* müssen qualitative Sozialforscherinnen und Sozialforscher bei der Analyse von qualitativen Interviews, speziell von Metaphern, den darin enthaltenen kommunikativen Sinn analysieren und interpretieren (siehe zu den methodologischen Basisannahmen rekonstruktiver Analyseverfahren weiterführend *Kapitel III.2*).
3. Und in Bezug auf die beiden zuvor genannten Arbeitskontexte muss betrachtet werden, inwieweit die sprachliche Verständigung und Verstehenspraxis – in meistens vorbewusster Art und Weise – ein Leben und Forschen in Metaphern ist;

inwieweit diese Arbeitskontexte situativ reproduziert (Erhebungssituation) und reflektiert (Analysesituation) werden müssen hinsichtlich ihres Bedeutungsgehaltes.

Somit sind die Aufgaben und die damit im Zusammenhang stehenden Probleme bei der rekonstruktiven Analyse von qualitativen Interviews in Hinblick auf die Analyse von Metaphern skizziert, um mit Hilfe von zentralen Überlegungen zur Struktur und zum Wesen des zwischenmenschlichen Dialogs die kontextuelle Entstehung kommunikativen Sinns erklären und besser verstehen zu können. Insofern sollen in den folgenden Abschnitten einige grundlegende Aspekte aufgearbeitet werden, die hierfür zielführend sein können. Ausgehend von Martin Bubers (1992) theologischen Ausführungen zum dialogischen Prinzip, das er darin begründet sieht, wenn wir als Menschen lernen, uns wahrhaftig zu begegnen, und uns dadurch im anderen – *im Fremden – selbst begegnen und verstehen* zu können, beziehen wir uns im weiteren auf David Bohms (1998) und William Isaacs (2002) Verständnis vom *Dialog*.

Bohm (1998) wie Isaacs (2002) geht es um eine neue Form des Gesprächs am Ende oftmals als mühselig erlebter und unbefriedigender Diskussionen. Dieser Ausgangspunkt steht zwar nicht in einem direkten Bezug zur qualitativen Datenerhebung und rekonstruktiven Analyse von Metaphern. Mit ihren Ideen zum Dialog liefern sie aber Lösungsvorschläge für die in unserer heutigen Zeit immer gravierender werdenden menschlichen Kommunikationsprobleme, die aufgrund unseres von frühester Kindheit an erlernten *fragmentierten Denkens* entstehen. Diese Gedanken werfen dann auch eine interessante Perspektive auf das Problem des Fremdverstehens auf. Vor allem Bohm (1998) weist dabei auf die Gefahren einer entfalteten, aber dem Grunde nach zusammengehörenden holistisch miteinander verwobenen Welt hin, in der *partizipatives Denken*[9], also gemeinsame Selbst- und Fremdverstehensprozesse, aufgrund einer zunehmenden Zerteilung, Aufspaltung, Kategorisierung und Systematisierung verunmöglicht werden. Oder wie er selbst formuliert (Bohm 1998: 38):

> „Jede Teilung, die wir vornehmen, ist das Resultat unserer Denkweise. In Wirklichkeit besteht die ganze Welt aus ineinanderfließenden Übergängen. Aber wir wählen bestimmte Dinge aus und trennen sie von anderen, zunächst aus Bequemlichkeit. Später messen wir dann der erfolgten Unterscheidung große Bedeutung bei. Wir bilden separate Nationen, die gänzlich ein Resultat unseres Denkens sind, ebenso wie die Trennung in verschiedene Religionen und die Abgrenzung innerhalb der Familie."

Von dieser Fragmentierung des Denkens ist auch die rekonstruktive Analysepraxis betroffen, bei der stets der Versuch unternommen wird, gemeinsam hergestellten und doch fremden Sinn methodisch kontrolliert und gehaltvoll zu verstehen. Bei diesem Verstehensprozess werden aber immer wieder aus erkenntnistheoretischer Sicht nicht

---

[9] „Das *Prinzip der Partizipation* hilft, die Probleme zu lösen, die durch die gedankliche Abstraktion entstanden sind, und ruft uns wieder ins Gedächtnis, dass wir Teil der Welt sind, die uns umgibt" (Isaacs 2002: 62, Herv. i. Orig.).

ganz unproblematische thematische und methodische Abstraktionsleistungen vorgenommen. Schließlich können wir uns als qualitative Forscherinnen und Forscher nur annäherungsweise in einem wechselseitigen und kaum voneinander zu trennenden induktiven und deduktiven Erkenntnisprozess der *sozialen Wirklichkeit* und damit den unhintergehbaren Problemen, die in und mit den jeweiligen kommunikativen Verständigungsprozessen zu Tage treten, offen annähern. Zu unklar ist bspw., aus welcher Intension heraus sprachliche Äußerungen in Gestalt von Metaphern zwischen zwei oder mehreren Kommunikant/innen entstehen, welche Geltungsansprüche dabei jeweils vertreten werden, wie demnach miteinander kommuniziert wird und ob schlussendlich unter Verwendung rekonstruktiver Analyseverfahren die spezifische zustande gekommene Kommunikationssituation und damit die dabei in Erscheinung tretenden Metaphern rekonstruktiv verstanden werden können. Fremdverstehensprozesse beginnen darum nicht erst mit der rekonstruktiven Analyse von Texten,

> „[…] sondern auch an einer anderen, strategisch bedeutsamen Stelle des Forschungsprozesses, nämlich im Interview selbst: Die Erzählenden verstehen die Aufforderungen zu erzählen oder die Fragen der Interviewenden; die Interviewenden hören und verstehen, was erzählt wird, sie ergänzen Informationen aus ihrem Kontextwissen und füllen Andeutungen. Sie fragen oder nicken, was wiederum die Erzählperson versteht etc. Der Kontext besteht hier aus dem, was die Erzählperson und was die interviewende Person einbringt, sowie aus dem Rahmen, den die Interviewsituation als solche bietet." (Helfferich 2005: 21)

Mit Isaacs (2002: 165ff.) können wir deshalb behaupten, dass Menschen sich in bestimmten Gruppen- und Gesprächskontexten stets so verhalten, wie es die Kommunikationssituation von ihnen gerade erfordert; ist das Interview doch selbst ein widersprüchlicher Beziehungsraum (vgl. Tietel 2000). Sie nehmen darum je nach Interviewsituation *(a) die Rolle der treibenden Kraft, (b) die Rolle des Anhängers, (c) die Rolle des Widersachers* oder *(d) die Rolle des Beobachters* ein und tragen dadurch zu einem Gesprächsgleichgewicht innerhalb von qualitativen Interviews, zu einem mehr oder weniger weit umfassenden Dialog bei. Wird eine dieser vier Aktionshaltungen aber von dem/der Interviewten oder dem bzw. der Interviewenden als unangemessen oder ungerechtfertigt zurückgewiesen, kommt es zu einem Ungleichgewicht, ist der Dialog auf gleicher Augenhöhe gefährdet. Dann wird der bzw. die jeweilige Kommunikant/in als ungeduldig, unentschlossen und autoritär, als beschwichtigend, unentschlossen und beeinflussbar, als nörgelnd, eigensinnig und angriffslustig, als distanziert, zurückgezogen oder schweigend wahrgenommen (vgl. Isaacs 2002: 171). In Folge dessen kann es in Interviewsituationen zu enttäuschenden und frustrierenden Gesprächsverläufen kommen, werden dabei verwendete Metaphern überhaupt erst durch die soziale Beziehungsdynamik hervorgebracht.

Im Gegensatz dazu ist der wirkliche Dialog „ein Gespräch mit einem Zentrum aber ohne Parteien" (Isaacs 2002: 29). Er ermöglicht im Idealfall, missverständliche soziale Interaktionsprozesse und metaphorische Äußerungen während der Gesprächs- oder eben auch der Interviewsituation aufzulösen und damit unerwünschte kommunikative Nebeneffekte aufzuheben. Doch solch ein Idealfall ist in qualitativen Interviewsituationen eher die Ausnahme als die Regel[10]. Denn innerhalb von qualitativen Forschungsprozessen werden durch das Forschungsinteresse, durch die Samplingbildung und durch die Wahl und Gestaltung der Erhebungs- und Auswertungsmethoden Strukturen hervorgebracht, die in erheblichem Maße die Art und Weise des forscherischen Zugangs zum derart konstruierten Forschungsgegenstand determinieren. Darum sind rekonstruktive Analyseverfahren unweigerlich dem *Problem der Rekonstruktion kommunikativer Verständigung* ausgesetzt, also jenem Phänomen, das dazu führt, dass kommunikativer Sinn, der ja auch immer in Metaphern versprachlicht wird, nicht losgelöst vom Entstehungskontext analysiert werden kann. Denn „jedes Gespräch hat seine eigene Akustik. Jedes Gespräch findet in einer Umgebung mit greifbaren äußeren und inneren, mentalen bzw. emotionalen Dimensionen statt." (Isaacs 2002: 206) Insofern kann festgehalten werden:

> „Strukturen regeln das Denken und Handeln und sind relativ stabil: Wenn wir die Strukturen kennen, die den Einzelnen oder die Gruppe leiten, lassen sich Verhaltenstendenzen vorhersagen. Strukturen setzen sich aus Qualität, Inhalt und Aktualität der weitergegebenen Informationen zusammen, einschließlich der Ziele, Anreize, Kosten und Rückmeldungen, die das Verhalten motivieren oder einschränken." (Isaacs 2002: 173)

In einer Welt, in der „praktisch sämtliche Probleme der Menschheit auf die Tatsache zurückzuführen sind, dass das Denken nicht propiozeptiv[11] ist" (Bohm 1998: 65), wird es deshalb umso wichtiger, bei der Analyse von qualitativen Interviews eine entsprechende Rekonstruktionshaltung einzunehmen, d.h. ein *reflexiv-suspensives Denken* zu praktizieren (vgl. *Kapitel III.2*). Dadurch wird überhaupt erst *partizipatives Denken*, also *wahres Fremdverstehen* im Austausch mit anderen qualitativen Sozialforscherinnen und -forschern möglich, und nur so kann sichergestellt werden, dass nicht voreilig tautologische und damit dekontextualisierte und fragmentierte Analyseschlüsse gezogen werden.

Wenn man den theoretischen Überlegungen Habermas' (1995a, 1995b) zum kommunikativen Handeln folgt – der in normativer Art und Weise unterstellt, dass Menschen in idealen Sprechsituationen ihre *Geltungsansprüche in Bezug auf propositionale Wahrheit, normative Richtigkeit und subjektive Wahrhaftigkeit* zwar durchsetzen, sich aber zugleich auch intersubjektiv darüber verständigen und von- und miteinander lernen wollen – ist eine Annäherung an ‚wahres Fremdverstehen' unserer Ansicht nach möglich. Denn erst solch eine auf dem zwischenmenschlichen Dialog (vgl. Buber 1992) fußende diskursive und damit rekonstruktive Analysepraxis – und darauf möchten wir bereits an dieser Stelle unserer Ausführungen hinweisen – er-

---

[10] Vgl. hierzu aber die methodologischen Überlegungen zum ero-epischen Gespräch von Roland Girtler (2001).
[11] „Man könnte auch sagen ‚Eigenwahrnehmung des Denkens', ‚Eigenempfindung des Denkens' oder ‚das Denken ist sich seiner selbst bewußt, wenn es tätig wird.'" (Bohm 1998: 150)

möglicht es, dass qualitative Sozialforscher/innen *die dialogische Konstitution von Interviews* und die dabei sich *als wesentlich herausstellenden Metaphern rekonstruktiv ‚fremdverstehen' können*. Das setzt voraus, dass sie ihre auf Selbstverstehensprozessen basierenden subjektiven Schlussfolgerungen und derart konstruierten Analyse- und Interpretationsergebnisse in gemeinsamen dialogischen Analysesitzungen kritisch hinterfragen. Damit wird dann schlussendlich auch dem *Prinzip der Offenheit und Reflexivität* qualitativer Forschung Rechnung getragen (vgl. *Kapitel III.2*).

Relevanz für die Analyse von Metaphern
Wer den sprachlich-kommunikativen Sinn und die dabei eine Rolle spielenden Metaphern rekonstruktiv analysieren will, muss akzeptieren, dass in der kommunikativen Interviewsituation selbst bereits wechselseitig und aufeinander bezogener sozialer Sinn hergestellt wird. Konkreter gefasst: In solchen ‚künstlichen' Kommunikationsprozessen werden auch immer Metaphern sprachlich generiert, die in anderen kommunikativen Alltagssituationen sonst vermutlich keine Anwendung finden würden. Darum müssen bei der rekonstruktiven Analyse von Metaphern die strukturgebenden Regeln und Relevanzen der sprachlichen Sinnkonstruktion herausgearbeitet werden, um ‚fremdverstehen' zu können, aus welcher sozialen Gesamtsituation heraus die jeweils gewählten Metaphern kommunikativ entstanden sind. Es geht folglich nicht nur darum zu verstehen, *was* gesagt wurde, sondern vor allem *wie* der/die jeweilige Interviewpartner/in auf die Aussagen der/des Anderen mit welchen sprachlichen Mitteln und Metaphern reagiert hat, und wie dies die sprachlich-kommunikative Sinnproduktion strukturiert. Metaphern können zwar formal identifiziert werden, jeweils abhängig von ihrer Definition. Doch sie (ent-)stehen nicht in einem kontextfreien Raum. Sie können aus einem Text isoliert werden, doch sie dürfen nicht isoliert betrachtet werden. Eine Metaphernanalyse besteht nicht nur aus der Analyse von Metaphern, sondern sie muss mit dem Gesprächs- oder Textkontext umrahmt und rückgekoppelt werden. Damit ist noch ein weiteres grundlegendes Problem aufgeworfen, nämlich das der *Repräsentanz versus Performanz*[12] stets strukturierter sprachlich-kommunikativer Sinnproduktion. In Bezug auf die rekonstruktive Analyse von Metaphern bedeutet dies: Strukturierungen menschlichen Denkens sind kulturell – und folglich historisch gewachsene Strukturierungen. Um Metaphern analysieren zu können, muss ihr

---

[12] Das Spannungsfeld von Repräsentanz und Performanz bedeutet, dass die qualitative Datenerhebungssituation i.d.R. eine Realität sui generis darstellt. In qualitativen Interviews wird nicht ‚Wirklichkeit' abgebildet (Ebene der Repräsentation, der Repräsentanz, also der Sinnstrukturen der Befragten), sondern vergangene und gegenwärtige ‚Wirklichkeit' wird aus der aktuellen, zeitlichen Perspektive des befragten Subjekts rekonstruierend dargeboten – und hierfür können zusätzlich auch verschiedene Darstellungsmodalitäten gewählt werden (Ebene der Performanz). Qualitative Forschungsverfahren produzieren also keine objektiven Datenquellen, in denen Realität abbildhaft dargestellt wird, sondern ‚Wirklichkeit' wird hier selbst überhaupt erst diskursiv hergestellt, so dass sich die dargestellte Wirklichkeit in Hinblick auf die zueinander relativ und dynamisch stehenden Ebenen von Repräsentanz (Wirklichkeitsdimension) und Performanz (Darstellungsfunktion) immer nur in verschiedenen Versionen zeigt. Vor dem Hintergrund eines konstruktivistischen Forschungsverständnisses folgt daraus jedoch nicht (wie dies oftmals eine irrtümliche Kritik unterstellt), dass diese unterschiedlichen Versionen von Wirklichkeit jeweils willkürliche und zufällige Fassungen darstellen ohne einen kohärenten Kern zwischen ihnen.

Sinngehalt rekonstruiert werden, und in der Konsequenz entfernen wir uns damit vom Horizont der Sprecher/innen. Lakoff und Johnson (2003) gehen davon aus, dass wir uns vieler Metaphern als solcher nicht bewusst sind. Dies verschärft das Problem des Fremdverstehens. Somit muss das analytische Auge auch auf die historische Gewachsenheit von Konzeptsystemen gerichtet werden, damit wir uns nicht auf vorbewusste eigene Konzepte oder auf unsere Intuition verlassen. Im Endeffekt müssen wir uns von unserem eigenen Alltagswissen reflexiv entfernen, um das Alltagswissen der Beforschten angemessen zu verstehen. Niemand kann sich aber restlos aus der eigenen ‚Habitusgefangenschaft' befreien, man forscht also immer von einem bestimmten sozialräumlich vorgegebenen und sich stetig verändernden Beobachtungs-, Verständnis- und Analysestandort aus (siehe hierzu das folgende *Kapitel II.3*). Wir sind allerdings der Ansicht, dass die rekonstruktive Analyse von Metaphern nur dann gelingen kann, wenn man die Regeln und Relevanzen der kommunikativen Sinnproduktion herausarbeitet. Kontrolliert und reflektiert kann dieser Prozess dabei auch nur in einem diskursiven Kontext – in einer Analysegruppe – bewältigt werden. Sie bildet das forschungspraktische Rückgrat unserer Methodik.[13]

II.3 Rekonstruktive Analyse als ein Problem des habituellen Standpunktes

In den vorherigen Abschnitten haben wir herausgearbeitet, dass (a) der rekonstruktive Analyseprozess stets ein Fremdverstehen vor dem Hintergrund des eigenen Relevanzsystems (vgl. *Kapitel II.1*) darstellt und (b) Interview- sowie Analysesituationen in einem zwar intersubjektiven, damit aber widersprüchlichen Entstehungskontext eingebettet sind (vgl. *Kapitel II.2*). Im Kern muss deshalb aus erkenntnistheoretischer Sicht eine rekonstruktive Metaphernanalyse genau darauf hin ausgerichtet sein (vgl. *Kapitel II.4*), soll sie den Gütekriterien qualitativer Forschung entsprechen (vgl. Steinke 2008).

In Bezug auf beide Punkte stellt sich vor allem auch folgende erkenntnistheoretische Herausforderung, wenn Metaphern analysiert werden sollen: Sie zeigt sich darin, dass qualitative Forscher/innen nicht losgelöst von ihrem jeweils spezifischen *habituellen Standpunkt* aus forschen können. Pierre Bourdieu (1998: 21 f., Herv. i. Orig.) führt hierzu aus:

> „Der Habitus ist das generative und vereinheitlichte Prinzip, das die intrinsischen und relationalen Merkmale einer Position in einen einheitlichen Lebensstil rückübersetzt, das heißt in das einheitliche Ensemble der von einem Akteur für sich ausgewählten Personen, Güter und Praktiken. (...) Das Wesentliche aber ist, dass diese unterschiedlichen Praktiken, Besitztümer, Meinungsäußerungen, sobald sie mit Hilfe der entsprechenden sozialen Wahrnehmungskategorien, Wahrnehmungs- und Gliederungsprinzipien wahrgenommen werden, zu symbolischen Unterschieden werden und eine regelrechte *Sprache* bilden."

---

[13] Wie dieser Prozess in der Forschungsgruppe umgesetzt werden kann, wird im *Kapitel III.3* weiter erläutert.

Der habituelle Standpunkt stellt also eine Sache des Denkens, Fühlens, Wahrnehmens, Urteilens und Handelns dar, welche die Wahrnehmung der sozialen Wirklichkeit limitiert.

Somit kann die rekonstruktive Analyse von Metaphern – aber auch anderer sprachlich-kommunikativer Mittel – nicht unabhängig von den *habituellen* Perspektiven der Forschenden praktiziert werden. Und diese Analysepraktiken sind jeweils lebensgeschichtlich vorgeprägt und – in der Terminologie von Bourdieu – *feldspezifisch*. Das heißt für den wissenschaftlichen Kontext, dass sie insbesondere auch in disziplinären Denkstilen gebunden sind. Deshalb gehen wir davon aus, dass „der menschliche Geist sozial begrenzt ist, sozial strukturiert, weil er immer, ob er will oder nicht – außer er wird sich dessen bewusst –, in den Grenzen ‚seines Kopfes' eingesperrt ist" (Bourdieu/Waquant 2006: 160). Auch aus genuin wissenssoziologischer Perspektive wurde diese Form der habituellen Perspektive bzw. Standortgebundenheit bereits kritisch thematisiert (vgl. Mannheim 1980): So kann Fremdes durch Forschende aufgrund ihrer sozio-kulturellen Herkunfts- und Lebenskontexte nicht wirklich verstanden werden (vgl. hierzu auch Rehbein/Saalmann 2009). Kleemann, Krähnke und Matuschek (2009: 18) führen hierzu aus:

> „Wie man etwas wahrnimmt und etwas versteht, d.h. die Wirklichkeit konstruiert, ist voraussetzungsreich und in jedem Fall von der eigenen sozialen und kulturellen Position abhängig: Geschlecht, Alter oder die Einbindung in einem Milieu bzw. in einem Kulturkreis sind einige der beeinflussenden Faktoren."

Von dieser Problematik der habituellen Standortgebundenheit von Perspektiven ist die Praxis der rekonstruktiven Metaphernanalyse maßgeblich betroffen. Insofern sind wir als Forschende mit einer *doppelt wirksam werdenden ‚Habitusgefangenschaft'* konfrontiert: Auf der einen Seite sind wir nicht davor gefeit, unseren eigenen blinden Flecken bei der Analyse von Metaphern zu unterliegen, indem wir nämlich bestimmte metaphorische Stilmittel erkennen und für wichtig erachten, andere jedoch völlig außer Acht lassen – uns quasi in einem für uns unbemerkten und *habituell rückgebundenen Selbstanalysezirkel* verfangen. Auf der anderen Seite treffen wir auf vorstrukturierte soziale Felder, in denen bestimmte Metaphern überhaupt erst sprachlich wiederkehrend generiert werden und sozialen Sinn enthalten, was an dort vorliegenden habituellen Standortgebundenheiten liegt. Wir forschen darum auch immer in *sozialen Feldern voller mächtiger historisch wirksam werdender Metaphern*. Oder wie Michael Buchholz (2003: 9) ausführt: „Metaphern sind die Paradigmen unseres Selbstverständnisses".

Konzeptualisiert man den sprachlichen Gebrauch von Metaphern derart, wird verständlich, dass Metaphern stets sozialräumlich rückgebunden sind. Sie verweisen immer auf einen bestimmten Kulturkreis, in dem sie überhaupt erst ihren sozialen Sinn entfalten. Sie verkörpern damit sozusagen soziale Ordnungen. Aus diesem Verständnis heraus entstehen Metaphern in den jeweiligen sozialen Feldern erst aufgrund der vorhandenen Kapitalien im sozialen Raum, die sich maßgeblich auf die Lebensstile der einzelnen Menschen, auf ihren Habitus auswirken, auf das, wie sie denken, wie sie reden und was sie anstreben (Bourdieu 1997a). Ohne nun in vollem Umfang auf das Theoriegebäude Bourdieus weiter einzugehen, geht es uns in diesem Abschnitt vor allem um die Hervorhebung einer zentralen Überlegung: Der habituelle Standpunkt der Forschenden und der Beforschten beeinflusst maßgeblich, ob in den für sie relevant werdenden und zugänglichen sozialen Feldern aufgrund ihrer vorhandenen Kapitalien die von ihnen dadurch sprachlich zur Verfügung stehenden Metaphern sozial anerkannt bzw. sozial aberkannt werden. Das heißt Metaphern repräsentieren in der Regel einen spezifischen Ausschnitt sozialer Wirklichkeit derjenigen Menschen, die sich aufgrund ihrer Kapitalstruktur und ihres Kapitalvolumens sozialräumlich nahe stehen und gemeinsame an den jeweiligen Habitus gekoppelte sprachliche und metaphorische Vorlieben oder metaphorische Abneigungen haben:

> „Allgemeiner: Vermittelt über den Raum der Dispositionen (oder Habitus) der Akteure, wird der Raum der sozialen Positionen in einen Raum der von ihnen bezogenen Positionen rückübersetzt; oder, mit anderen Worten, dem System der differentiellen Abstände, über das sich die unterschiedlichen Positionen in den beiden Hauptdimensionen des sozialen Raumes definieren, entspricht ein System von differentiellen Abständen bei den Merkmalen der Akteure (...), das heißt bei ihren Praktiken und bei den Gütern, die sie besitzen. Jeder Positionsklasse entspricht eine Habitus- (oder *Geschmacks-*) Klasse, ein Produkt der mit der entsprechenden Position verbundenen Konditionierung, und, vermittelt über diese Habitus und ihre generativen Kapazitäten, ein systematisches Ensemble von Gütern und Eigenschaften, die untereinander durch Stilaffinität verbunden sind." (Bourdieu 1998: 20f., Herv. i. Orig.)

Will man also Metaphern analysieren, muss man sich als Forschende/r vom eigenen sozialräumlichen Standpunkt aus lösen, eine andere Beobachtungs- und Analyseposition einnehmen und zugleich den Versuch unternehmen, sich der Wirklichkeit der Beforschten anzunähern. Der eigene Habitus lässt sich jedoch nicht so leicht abschütteln, werden durch diesen doch wesentliche soziale Wahrnehmungskategorien vorstrukturiert, die maßgebliche Unterschiede beim Prozess der Erhebung von Interviews und bei der Analyse und Interpretation von Metaphern hervorrufen.

Um es auf den Punkt zu bringen: *Qualitative Forschung setzt habituelle Veränderungen voraus und in Gang*. Mit jedem Forschungsprojekt erweitern sich nämlich fast zwangsläufig die Erkenntnisse, Kompetenzen und Erfahrungen derjenigen, die daran unmittelbar bzw. mittelbar beteiligt sind. Vor allem aber wandelt sich der habituelle Standpunkt der Forschenden, die ja nicht von ungefähr dem *Prinzip der Offenheit* und *Reflexivität* qualitativer Forschung Rechnung tragen müssen. Nur dadurch können sie überhaupt erst sicherstellen, dass sie sensibel gegenüber ihrem Forschungsgegenstand und damit offen für neue Entdeckungen bleiben. Solch eine *Haltung reflexiver Offenheit* ist allerdings nicht leicht umzusetzen, zumal Forschende praktische Routinen entwickeln, die zwar nützlich, aber auch immer gefährlich sind. Routinen verstärken nämlich die beschränkten Sichtweisen der Forschenden, die ja ohnehin nicht ihrer ‚Habitusgefangenschaft' im letzten Sinne entfliehen können: „Mit anderen Worten: Der Habitus ist ein System von Grenzen. (...) Allerdings gibt es die Möglichkeit, sich dessen bewusst zu werden." (Bourdieu 1997b: 33).

Und genau hierin liegt die Chance der rekonstruktiven Analysepraxis: Sie begreift soziale Wirklichkeit nicht als etwas Feststehendes oder gar objektiv Vorfindbares, sondern als etwas, das aufgrund spezifischer habitueller Eigenschaften überhaupt erst einen sozialen Sinn erhält. Um sozialen Sinn als Forscher/in erschließen zu können, kann man gar nicht anders, als sich der rekonstruktiven Analyse – von Metaphern – zu bedienen (vgl. *Kapitel III.3*). Nur sie kann sicherstellen, dass man sich als Forschende/r nicht in seinem/ihrem Habitus verfängt und einen Weg finden kann, der es möglich macht, sich der sozialen Wirklichkeit der Beforschten reflexiv und offen und damit auch den von ihnen sprachlich genutzten Metaphern anzunähern.

> **Relevanz für die Analyse von Metaphern**
> Letztlich bleibt es ungeklärt, wie man sich als Forschende/r von seinem/ihrem eigenen Habitus befreien und wie es methodisch gelingen kann, Metaphern fernab der spezifisch wirksam werdenden habituellen Voreingenommenheiten im Interviewtext als solche zu erkennen. Denn immer da, wo wir als Forschende Metaphern begegnen, werden wir dazu verführt, diese Metaphern entsprechend unserer habituellen Standortgebundenheit einzuordnen. Ob es uns jedoch als Forschende gelingt, die für selbstverständlich oder bislang für unbekannt gehaltenen metaphorischen Stilmittel zu erkennen, steht auf einem ganz anderen Blatt geschrieben. Metaphern haben uns insofern immer kognitiv im Griff. Sie repräsentieren stets eine soziale Wirklichkeit, die bereits vorstrukturiert ist und auf die Kapitalbedingungen des sozialen Raumes und den damit zusammenhängenden feldspezifischen Eigenschaften verweisen. Ob zum Beispiel Metaphern negativ oder positiv konnotiert sind, hängt auch davon ab, welche habituelle Relevanz sie jeweils in den unterschiedlichsten sozialen Feldern erhalten. Damit bleibt offen, ob wir uns als Forschende mit Hilfe der rekonstruktiven Analyse von Metaphern aus der *doppelt wirksam werdenden ‚Habitusgefangenschaft'* befreien können. Einen anderen Ausweg als sich als Forschende/r offen und reflexiv der Analyse von Metaphern zu widmen, gibt es unseres Erachtens nicht. Außer: Wir hätten die (All-)Macht, unsere eigenen habituellen Grenzen überwinden und in die Köpfe der von uns Beforschten wie ein U-Boot hineintauchen zu können.

II.4 Die sprachliche (Re-)Konstruktion von Wirklichkeit – ein konstruktivistisches Fazit

Wie die bisherigen Ausführungen verdeutlichen konnten, müssen im Prinzip alle rekonstruktiven Analyseverfahren – wie eben auch ‚die Metaphernalyse' als ein spezifischer Fokus innerhalb dieser rekonstruktionslogischen Analyseverfahren – vor allem auf einer spezifischen *Haltung* gegenüber Wirklichkeit und Erkenntnisprozessen fundieren, um Validität und Qualität qualitativer Analysepraxis (vgl. Helfferich

2005; Strauss/Corbin 1996) zu sichern. Diese Haltung beruht dabei im Wesentlichen auf einer hohen Sensibilität in Bezug auf die Konstruktion und Rekonstruktion von Wirklichkeit in der rekonstruktiven Analysepraxis als eine Rekonstruktion eben sprachlich-kommunikativ konstruierter Wirklichkeit.[14] Sie kann dabei anhand von drei Axiomen konzeptionell gebündelt werden, die für qualitativ-empirisch Sozialforschende Voraussetzung sind, d.h. akzeptiert sein müssen, wenn sie eben qualitativ (bzw. genauer gesagt: rekonstruktiv) forschen möchten und keinen Etikettenschwindel betreiben wollen.[15] Diese drei Axiome bilden daher auch das Grundgerüst für die rekonstruktive Metaphernanalyse.

1. Axiom: Wirklichkeit ist stets konstruierte Wirklichkeit!
Qualitative Sozialforschung im Allgemeinen und rekonstruktive Analysepraxis im Speziellen sind im Prinzip empirisch angewandter Konstruktivismus. In der qualitativen Forschung ist es eine wissenschaftstheoretische Basisannahme, dass Wirklichkeit niemals objektive Wirklichkeit ist, sondern stets interaktiv hergestellte, also (sprachlich) *konstruierte Wirklichkeit* (*Konstruktivitätspostulat*). Wirklichkeit liegt damit immer in unterschiedlichen Versionen vor und es verbietet sich, die Frage zu stellen, wie wahr diese Wirklichkeit ist, allenfalls kann man fragen, wie nützlich sie ist, d.h. wozu sie dient (vgl. Kruse 2010, Oktober; Kruse 2009c; Kardorff 1995; Helfferich 2005; Watzlawick 1976).[16] Mit diesem konstruktivistischen Wirklichkeitsverständnis wird aber auch deutlich, dass Wirklichkeit stets *kontingent* ist, d.h. Wirklichkeit könnte immer auch ganz anders aussehen (*Kontingenzannahme*).

2. Axiom: Alles hat bzw. ergibt einen Sinn!
Aus diesem Konstruktivitätspostulat und der Kontingenzannahme folgt ein zweites Axiom, das sich auf den ersten Blick wie eine Zumutung äußert: *Alles hat bzw. ergibt einen Sinn*. Diese *Sinnhaftigkeitsunterstellung* (vgl. Lucius-Hoene/Depperrmann 2002: 99) ist elementar für die rekonstruktive Forschungs- und Analysepraxis. Sie ergibt allerdings

---

[14] Wobei hier in Anlehnung an Paul Watzlawicks Kommunikationskonzept des „*man kann nicht nicht kommunizieren*" (Watzlawick et al. 1995) und in Anlehnung an Ernst von Kardorff (1995: 4) sowohl sprachliche als nicht-sprachliche Kommunikation bzw. Interaktion verstanden wird, also hier ein weiter sprachlicher Kommunikationsbegriff angelegt wird.
[15] Auf die Unterscheidung von qualitativer versus rekonstruktiver Forschung müsste an dieser Stelle ausführlicher eingegangen werden, was jedoch den Rahmen der Ausführungen sprengen würde. Es sei nur so weit angemerkt, dass ‚qualitative Forschung' ein weiteres Konzept in Bezug auf die Anwendung von qualitativen Verfahren darstellt, die nicht unbedingt oder grundlegend rekonstruktionslogisch arbeiten (wie z.B. kategorisierende Verfahren, vgl. Meuser/Nagel 2005; Mayring 2003). ‚Rekonstruktive Forschung' wäre damit ein engerer Begriff in Bezug auf qualitative Verfahren, deren grundlegendes Unterscheidungsmerkmal von anderen qualitativen Verfahren eben darin besteht, dass sie streng rekonstruktionslogisch arbeiten (siehe hierzu auch das *Kapitel III.2*).
[16] An dieser Stelle sei darauf hingewiesen, dass dies *nicht* bedeutet, dass Wirklichkeit in beliebiger, zufälliger und willkürlicher Weise konstruiert wird. Die Wirklichkeitskonstruktionen folgen stets spezifischen Regeln und Relevanzen, die rekonstruiert werden können (siehe *Kapitel III.2*; vgl. auch Kruse 2009c; Helfferich 2005).

nur Sinn, wenn ein spezifischer Sinnbegriff angewendet wird, der in seinem Zugang zur Wirklichkeit nicht normativ bzw. moralisch-ethisch konzipiert ist, sondern zuerst rein deskriptiv, und erst im Nachhinein in diesen Dimensionen wertend reflektiert wird.

3. Axiom: Nichts ist selbstverständlich!

Aus den beiden vorherigen Voraussetzungen qualitativ-empirischer Sozialforschung ergibt sich ein drittes Axiom, das aus der Methodenliteratur bereits weit bekannt geworden ist, z.B. durch das Konzept des „methodischen Skeptizismus" von Ronald Hitzler (1986) oder durch das Konzept der „Befremdung der eigenen Kultur" von Klaus Amann und Stefan Hirschauer (Hirschauer/Amann 1997) (vgl. auch Strauss/Corbin 1996: 71). Der Vollständigkeit halber soll es hier nochmals aufgeführt werden: Nichts ist selbstverständlich! Die *Infragestellung alles Selbstverständlichen* ist eine erste Voraussetzung, um sich auch von den Selbstverständlichkeiten in Hinblick auf die eigenen Wirklichkeitskonstruktionen zu lösen. Sie ist von elementarer Bedeutung in Bezug auf alle Phasen des rekonstruktiven Forschungs- und Analyseprozesses.

III Allgemeine Grundlagen rekonstruktiver Analyse

Nachdem in den vorhergehenden Kapiteln erkenntnistheoretische Grundlagen der Metaphernanalyse geklärt wurden, spitzen wir den nächsten Schritt weiter auf die Praxis zu, bevor wir in den *Kapiteln IV* und *V* zur eigentlichen Metaphernanalyse kommen. In den folgenden Unterkapiteln werden wir linguistische Grundlagen (*Kapitel III.1*) und methodologische Basisannahmen rekonstruktiver Analysepraxis (*Kapitel III.2*) vorstellen und diskutieren. Den Kern dieses Kapitels bildet die Vorstellung eines integrativen Basisverfahrens rekonstruktiver Analyse (*Kapitel III.3*). Dieses Basisverfahren ist nicht nur auf die Metaphernanalyse beschränkt, sondern kann explizit eine Grundlage für zahlreiche andere sprachlich-analytische Zugänge bilden. Das Verfahren erleichtert es, der Komplexität sprachlich-kommunikativer Sinnkonstruktion methodisch kontrolliert zu folgen. Bezüglich der Metaphern bedeutet das, von einer offenen rekonstruktiven Analyse sprachlich-kommunikativer Phänomene überhaupt zu einer reflektierten, offenen Analyse von Metaphern gelangen zu können.

III.1 Rekonstruktive Analyse und ihre linguistischen Grundlagen

Der Gegenstand aller rekonstruktiven Analyseverfahren textueller Daten sind sprachlich-kommunikative Phänomene. Folglich benötigen Sozialwissenschaftler/innen – ob sie es wollen oder nicht – einige Basiskenntnisse und Basiskompetenzen bezüglich der generellen Wirkprinzipien und Eigenheiten sprachlicher Kommunikation, mit der sozialer Sinn hergestellt wird. Da diese grundlegende Kompetenz in der Ausbildung von Sozialwissenschaftlerinnen und Sozialwissenschaftlern in der Gegenwart u.E. immer mehr vernachlässigt wird, sollen die beiden folgenden Abschnitte in einige zentrale linguistische Grundlagen einführen, die u.E. unerlässlich für die Praxis rekonstruktiver Analyse sind. Metaphern sind sprachlich, und Sprache ist ein System von Zeichen. Wenn wir Metaphern analysieren möchten, müssen wir zunächst einen grundsätzlichen Begriff von (sprachlichen) Zeichen haben.

„Das Zeichen" – Gegenstand rekonstruktiver Analyse
Wenn wir Sprache analysieren, analysieren wir letztendlich Zeichen: deren Bedeutung, deren Verwendung und deren Einbettung in die Struktur einer Sprache. Doch was sind Zeichen, und welche ihrer Eigenschaften sollten bei der rekonstruktiven Analyse qualitativer Daten beachtet werden? Die linguistische Semiotik (Zeichenlehre) kann

uns einige Antworten geben, die grundlegend wichtig für die rekonstruktive Analyse sind (einführend zur Semiotik Linke et al. 2001; Bentele/Bystrina 1978; Eco 1977).

Zunächst halten wir fest, dass Zeichen *Stellvertreter* sind: „Die auffälligste und sichtbarste Eigenschaft von Zeichen jeder Art ist, dass sie einem Zeichenbenutzer etwas *präsent machen können, ohne selbst dieses etwas zu sein.*" (Linke et al. 2001: 18, Herv. i. Orig.). Zeichen tragen Bedeutung also nicht ‚in sich' – ihre ‚Bedeutung' liegt in einem Verweis auf etwas anderes: auf *das Bezeichnete*. Charles Sanders Peirce unterscheidet in seiner Zeichentheorie drei verschiedene Beziehungen zwischen dem Bezeichneten (vgl. auch signifié, s.u.) und dem Bezeichnenden (vgl. auch signifiant, s.u.). Er unterteilt Zeichen in die drei Typen *Index, Ikon* und *Symbol* (vgl. hierzu Linke et al. 2001: 19ff.):

Index wird ein Zeichen genannt, das eine Folge von etwas anderem ist: Das klassische Beispiel hierfür ist Rauch, der eine Folge von Feuer ist. Ein indexikalisches Zeichen steht in einer Kausalbeziehung, es ist ein „An-Zeichen" (a.a.O.: 20). Als *Ikon* gilt ein Zeichen, das auf Ähnlichkeiten beruht – bspw. Warnschilder, Verkehrsschilder, Toilettenschilder (so genannte Piktogramme). Sprachliche Beispiele hierfür sind Lautmalereien (onomatopoetische Zeichen) wie „muh", „kuckuck" oder „klingeling". Als *Symbole* werden schließlich Zeichen bezeichnet, die weder in einem kausalen noch in einem Ähnlichkeitsverhältnis zum Bezeichneten stehen: „Etwas sinnlich Wahrnehmbares wird zum symbolischen Zeichen dadurch, dass ihm eine Bedeutung auf dem Wege der Konvention zugesprochen wird." (a.a.O.: 22) Nun ist diese Definition zwar hilfreich, doch auch etwas problematisch (wie überhaupt die Einteilung in verschiedene Zeichenarten). Denn ein gewisses oder gar teilweise hohes Maß an Konvention oder Erfahrung ist auch notwendig, um Ikone und Indices zu verstehen (vgl. a.a.O.: 21ff.).

Zeichen – und damit auch sprachliche Zeichen – ‚funktionieren' also nur, wenn es eine konventionelle Übereinkunft (oder zumindest die Unterstellung derselbigen) gibt: „Referenz kann nicht unabhängig von Subjekten gedacht werden, die Zeichen (...) benützen" (a.a.O.: 25). Die Semiotik (die Lehre von den Zeichen) kann also nicht abgekoppelt von der Pragmatik (der Lehre von der Benutzung der Zeichen) betrachtet werden. Wenn wir Zeichen angemessen verstehen und beschreiben wollen, müssen wir konsequenterweise die Zeichenbenutzer/innen mit einbeziehen – so wie dies beim Modell des *semiotischen Dreiecks* nach Morris getan wird.

Abbildung 2   Das erweiterte semiotische Dreieck[17]

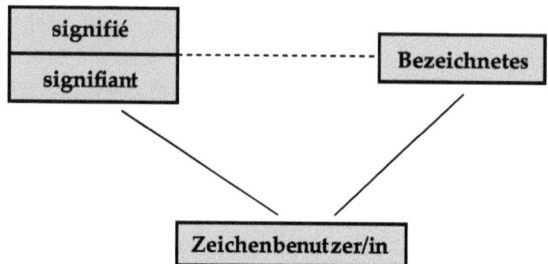

Zeichen und Bezeichnetes stehen in diesem Modell nicht direkt in Beziehung, sie sind immer abhängig von den Zeichenbenutzerinnen und Zeichenbenutzern. Im Endeffekt sind sie damit immer von den jeweiligen Kommunikationskontexten abhängig, d.h. die Bedeutung eines Zeichens entsteht erst durch die konkrete Verwendung des Zeichens durch den/die Zeichenbenutzer/in – und dies hat eine evidente Konsequenz für die rekonstruktive Analyse (s.u.)![18] Das von Linke et al. (2001: 25f.) übernommene semiotische Dreieck birgt eine Erweiterung: Ferdinand de Saussures Zeichenmodell. Nach Saussure hat jedes Zeichen eine Zeichenform (Bezeichnendes, signifiant) und eine Bedeutung (Bezeichnetes, signifié): „Das *signifiant* (...) ist ohne das *signifié* (...) eine leere Form; das *signifié* bleibt ohne Ausdruck eine nicht benennbare Größe." (Linke et al. 2001: 30) Jedes der Elemente ist also nicht ohne das andere denkbar (vgl. a.a.O.: 32). Doch in welcher Beziehung stehen die beiden Elemente? Nach Saussure ist die Beziehung der beiden Elemente geprägt von *Arbitrarität, Konventionalität* und *Assoziativität* (a.a.O.: 33ff.). Zeichen sind arbiträr – willkürlich: Der Zeicheninhalt lässt sich nicht aus der Zeichenform ableiten, nicht zuletzt bieten verschiedene Sprachen verschiedene Zeichenformen für denselben Gegenstand an. Eine gewisse Ausnahme bilden zusammengesetzte Zeichen (bspw. „Datenautobahn"). In Fällen wie diesen lässt sich die Bedeutung (die zudem metaphorisch motiviert ist) ableiten, wenn die einzelnen Elemente bekannt sind (Daten; Auto; Bahn). Wenn Zeichen jedoch beliebig verwendet würden, wäre Verstehen unmöglich. Verstehen *ist* aber (bis zu einem gewissen Grad) möglich – das Verhältnis von signifiant und signifié ist also auch von Konventionalität bestimmt: „Die an sich willkürliche Bedeutung ist durch eine Abmachung stabilisiert." (a.a.O.: 34) Zugleich sind Zeichen assoziativ, denn sie sind mental abgespeichert – und die Verbindung von *signifiant* und *signifié* muss mental hergestellt werden (vgl. a.a.O.: 35).

Welche Konsequenzen für die rekonstruktive Analyse qualitativer Daten – d.h. der Analyse eines Datensatzes komplexer Zeichen – lassen sich nun ableiten? Zunächst

---

[17] Abbildung nach Linke et al. 2001: 31.
[18] Vgl. in diesem Zusammenhang auch die Annahme der linguistischen Relativität („Sapir-Whorf-These"), siehe hierzu *Kapitel IV.7*.

müssen wir anerkennen, dass wir das, was Zeichen bezeichnen, nicht unabhängig von den Zeichenbenutzerinnen und Zeichenbenutzern ableiten können. Die Konsequenz für die Analyse ist, dass wir uns den Zugang zu den Begriffen *erschließen* müssen. Dieser Zugang muss über die Zeichenbenutzer/innen erfolgen – über die Rekonstruktion ihrer intendierten, reziproken (gegenseitigen) Zuschreibungen und über das *Verstehen* derselbigen. Denn obwohl Bedeutung in den Konzepten der Zeichenbenutzer/innen verankert ist, ist diese Verankerung von Konvention geleitet – bzw. von der gegenseitigen (reziproken) Unterstellung derselben:

> „When we speak, the symbolism we employ is caused partly by the reference we are making and partly by social and psychological factors – the purpose for which we are making the reference, the proposed effect of our symbols on other persons, and our own attitude. When we hear what is said, the symbols both cause us to perform an act of reference and to assume an attitude which will, according to circumstances, be more or less similar to the act and the attitude of the speaker." (Ogden/Richards 1925: 14f.)

Die rekonstruktive Analyse qualitativer Daten (insbesondere von Interviews) muss folglich von der Vorstellung geleitet sein, dass wir die Bedeutung des Gesagten nicht (immer) aus der Wörtlichkeit des Zeichens selbst heraus bestimmen können. Die folgende Abbildung veranschaulicht dies:

Abbildung 3   Die Konstruktion sprachlich-kommunikativer Bedeutung von Zeichen, Begriffen

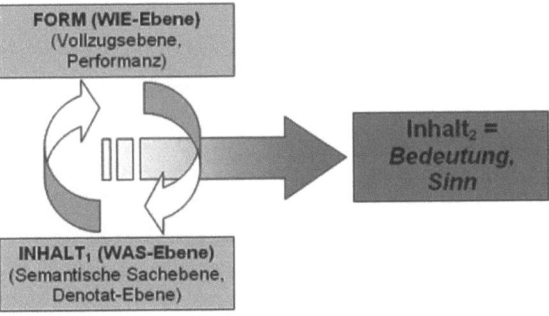

Da die eigentliche Bedeutung („Inhalt$_2$", die Bedeutung, der Sinn des Gesagten) eines Begriffes, eines konkreten Zeichens (Ebene des WAS der Versprachlichung, die wörtliche – denotative – Bedeutung, der „Inhalt$_1$") überhaupt erst durch den sprachlich-kommunikativen Vollzug, also seine performatorische Formung (Ebene des WIE der Versprachlichung), generiert wird, müssen wir in der Analyse genau auf diesen komplexen Prozess fokussieren. Genau dies zeichnet rekonstruktive Analyseverfahren aus. Und genau dies macht einfache inhaltsanalytische Verfahren problematisch, da sie auf der Ebene von „Inhalt$_1$" verbleiben und diesen als Bedeutung festlegen. Der Blick auf die intersubjektive Erzeugung von (Wort-)Sinn bleibt damit verstellt. Einfache inhaltsanalytische Verfahren verwechseln – in den Begriffen der obigen Abbildung gesprochen – also die Ebenen „Inhalt$_1$" und „Inhalt$_2$" und glauben, ohne die Analyse, *wie* etwas gesagt wurde, das *was* gesagt wurde – die Bedeutung – bestimmen zu können. Dass dies im Prinzip grundsätzlich nicht möglich ist, kann ein einfacher Grenzfall illustrieren: die Ironie. Diese Form der uneigentlichen Rede macht aus dem, *was* gesagt wurde (z.B. „Toll!"), eben durch das *wie* es gesagt wurde genau das Gegenteil.

Zudem unterliegen auch wir als Analysierende unserem eigenen Bedeutungssystem. Die vordergründige Bedeutung, die wir mit einem Text in Verbindung bringen, muss folglich in der rekonstruktiven Analyse hinterfragt werden. Wir analysieren nicht Zeichen, sondern deren Bedeutung – radikal gesehen *für* den Interpreten bzw. die Interpretin. Folglich muss eine Analyse von Sprache immer auch die Rekonstruktion *unserer* Rekonstruktion sein.

> **Relevanz für die Analyse von Metaphern**
> Wie wir noch sehen werden, sind Metaphern nach Lakoff und Johnson (2003) kein rein sprachliches Phänomen (siehe *Kapitel IV*). Die sprachlich-kommunikative Konstruktion von Metaphern und vor allem ihre konkrete, d.h. situative, Verwendung basiert aber auf den allgemeinen semiotischen Grundlagen der Sinnkonstruktion durch die Ver- bzw. Anwendung von (sprachlichen) Zeichen. Metaphern sind mehr als nur Worte. Insofern ist die rekonstruktive Analyse von Metaphern stets vor diesem komplexen Hintergrund zu betrachten.

Das Problem der Indexikalität menschlicher Sprache und Kommunikation – oder: der dokumentarische Sinn
Das zentrale Wesensmerkmal menschlicher Sprache und Kommunikation ist ihre *Indexikalität* (siehe Nöth 2002; Lutzeier 2002; Linke et al. 2001; Auer 1999: 127ff.; Garfinkel 1973). Die Indexikalität von Sprache, von begrifflichen Zeichen, meint ganz allgemein, dass sich die Bedeutung eines Begriffs – wie wir im vorausgegangenen Abschnitt beschrieben haben – immer nur in seinem konkreten Zeichengebrauch und in Relation zu anderen begrifflichen Konzepten konstituiert (Linke et al. 2001; Auer 1999: 127ff.). Es können hierbei eine *situativ-kontextuelle* und eine *begrifflich-referentielle* Dimension von Indexikalität unterschieden werden. Beide Dimensionen hängen jedoch eng miteinander zusammen, da der situative Kontext eines Begriffes immer auch schon seine referentielle Bedeutung setzt.[19]

---

[19] Bereits Harold Garfinkel hat sich im Rahmen seiner ethnomethodologischen Studien mit der Indexikalität von Begriffen und menschlicher Sprache insgesamt umfassend auseinandergesetzt und diese in Anlehnung an Edmund Husserl als „*Gelegenheitsausdrücke*" bezeichnet, um die kontextuelle und referentielle Vagheit eines jeden Begriffs zu betonen (Garfinkel 1973: 202; siehe auch Auer 1999: 129f.; Arbeitsgruppe Bielefelder Soziologen 1973: 258f.).

Innerhalb der *situativ-kontextuellen Dimension* von Indexikalität zeigt sich, dass die Bedeutung eines Begriffes *für sich* immer nur in seinem *situativen Verwendungskontext* verstehbar wird. Die anschaulichsten Beispiele hierfür sind die *Deiktika*, also Zeigewörter wie „hier", „da", „dort" usw. Neben diesen Deiktika weisen jedoch alle Begriffe und gerade auch ganze Sprechakte eine situativ-kontextuelle Indexikalität auf. Die Bedeutung eines sprachlichen Ausdrucks bzw. eines Sprechaktes – und hierauf hat bereits Karl Mannheim hingewiesen – wird immer nur durch seinen situativen Zeichengebrauch im Kontext einer historisch gewachsenen bzw. lebendigen kommunikativen Szene verständlich[20]:

> „Das ist eben das Wunder der lebendigen Rede, dass sie ein jedes Wort stets in einen einmaligen Zusammenhang stellt und von der spezifischen Totalität des Satzes, und noch mehr von der tragenden Unterströmung der Mitteilung vom Rhythmus und vom Assoziationsfluss her einem jeden Worte einen individuellen Sinn zu verleihen imstande ist."
(Mannheim 1980: 218)

Ein anschauliches Beispiel hierfür ist auch *Ironie*: Die Aussage eines Seminarteilnehmenden zum Seminarleiter: ‚Ihr Seminar haben Sie ja toll hingekriegt' kann ganz Unterschiedliches bedeuten, je nachdem, ob sich die übrigen Seminarteilnehmenden in stehenden Ovationen oder im Tiefschlaf befinden.

Neben der situativ-kontextuellen Dimension von Indexikalität weist aber jeder Begriff *an sich* auch eine *begrifflich-referentielle Dimension von Indexikalität* auf. Das heißt, dass die Bedeutung eines Begriffes immer nur verständlich wird in einem *semantischen Netzwerk von Begriffen bzw. begrifflichen Konzepten*, mit denen er in Relation steht. Ein Beispiel hierzu: Der Begriff ‚Dorf' kann in seinem konkreten Gebrauch ganz Unterschiedliches bedeuten, je nachdem, ob er in dem semantischen Netzwerk von ‚langweilig', ‚nur eine Straße', ‚die Kirche steht in der Mitte', ‚Jauchegeruch' und ‚Kaff' steht, oder in dem semantischen Netzwerk von ‚Gemeinschaft', ‚Ordnung', ‚Besinnlichkeit' und ‚Kraft spendender Rückzugsort'.[21]

Mannheim unterscheidet – vergleichbar mit der Differenzierung in *denotativ* und *konnotativ* – einen *generalisierten* bzw. *immanenten* (oder auch objektiven) *Sinngehalt* sowie einen *konjunktiven* bzw. *dokumentarischen Sinngehalt* eines Begriffes. Jedes Wort bzw. jeder Begriff ist über den generalisierten Sinngehalt hinausgehend ein sinnhaftes Konzept, eine symbolische Gestalt, die für etwas steht. Jedes Wort ist ein ‚Dokument' für einen Sinn, der dahinter steht. Der generalisierte Sinn des

---

[20] Harold Garfinkel nennt diese Ebene sprachlicher Kommunikation auch *Reflexivität*, die im Sinne eines Gegenspielers zur Indexikalität von Sprache und Kommunikation intersubjektive Verständigung im Prinzip erst ermöglicht. Hierauf soll jedoch nicht weiter eingegangen werden (siehe ausführlicher Auer 1999), da die Reflexivität die Indexikalität niemals absolut auflöst, weil sie wiederum auf indexikalen Elementen sprachlicher Kommunikation beruht.
[21] Die Genese dieser referentiellen Indexikalität von Begriffen hat wiederum Karl Mannheim bereits herausgearbeitet (Mannheim 1980: 220).

Wortes ‚Berlin' ist zum Beispiel einfach nur eine bestimmte, lokalisierbare Großstadt. Der dokumentarische Sinngehalt kann ganz vieles bedeuten: Anonymität, Fremde, Vielfältigkeit, Arbeitsort, Heimat etc. Damit ist jeder Begriff in seiner Sinnhaftigkeit *indexikal*. Zu rekonstruieren, was ein Begriff, ein Konzept für den/die Sprecher/in auf der Ebene dokumentarischen Sinns bedeutet (vgl. Mannheim 1980: 231), ist daher die zentrale Aufgabe rekonstruktiver Analyse.

Der konnotative bzw. dokumentarische Sinngehalt eines Begriffes, den ein/e Sprecher/in verwendet, umfasst dabei nicht nur die Ebene eines konjunktiven Erfahrungsraumes durch die kollektive Eingebundenheit des Sprechers bzw. der Sprecherin in eine konjunktive Erfahrungsgemeinschaft wie Generation, Milieu oder Kultur. Er umfasst auch die individualbiografische Erfahrungsaufschichtung der/des Sprechenden, die sich in einem Begriff symbolisch verdichten kann. Diese Dimension könnte als *idiosynkratische Indexikalität* bezeichnet werden.

In der qualitativen Sozialforschung hat Harold Garfinkel die Problematik der Indexikalität menschlicher Sprache und Kommunikation im Rahmen seiner ethnomethodologischen Studien weit bekannt gemacht.[22] Prominent geworden sind seine Krisen- oder auch Brechungsexperimente. Hierzu ein kurzes Beispiel (P = Proband/in, S = Seminarist/in):

P: Hallo Ray, wie fühlt sich deine Freundin?
S: Was meinst du mit der Frage, wie sie sich fühlt? Meinst du das körperlich oder geistig?
P: Ich meine: Wie fühlt sie sich? Was ist denn mit dir los? (Er wirkt eingeschnappt.)
S: Nichts. Aber erklär mir doch ein bisschen deutlicher, was du meinst.
P: Lassen wir das. Was macht deine Zulassung für die medizinische Hochschule?
S: Was meinst du damit: Was macht sie?
P: Du weißt genau, was ich meine.
S: Ich weiß es wirklich nicht.
P: Was ist mit dir los? Ist dir nicht gut?[23]

Dieses Beispiel illustriert, wie sich qualitative Interviewführung vom Kommunikationsmodus bzw. der Gesprächsführung her im Prinzip gestalten müsste: nämlich *indexikalisierend* („Was meinst du damit?"). Und genauso verhält es sich im rekonstruktiven Analyseprozess, in dem nicht mit einer anderen Person kommuniziert wird,

---

[22] Garfinkel rekurriert im Übrigen ausführlich auf Karl Mannheim, der lange Zeit im deutschsprachigen Raum nicht rezipiert wurde. Garfinkel definiert dabei das Ziel seiner ethnomethodologischen Forschung als „the investigation of the rational properties of indexical expressions and other practical actions as contingent ongoing accomplishments of organized artful practices of everyday life." (Garfinkel 1967: 11, zit. n. Auer 1999: 130).

[23] Garfinkel 1973: 206f.; siehe auch Auer 1999: 131.

sondern mit einem Text, der aber auch mit einem spricht, und der befragt werden muss hinsichtlich seiner indexikalen Verflechtungen: „Was meinst du damit?"

Die Herstellung und Rekonstruktion sozialen Sinns qua sprachlicher und (nichtsprachlicher) Kommunikation fallen in der linguistischen Problematik der Indexikalität zusammen und generieren ein methodisches Problemfeld. Die Grundproblematik menschlicher Kommunikation ist (und dies wird bspw. insbesondere im Feld interkultureller Kommunikation offensichtlich), dass oftmals Sprecher/innen unterschiedlicher konjunktiver Erfahrungsgemeinschaften miteinander kommunizieren – mit Begriffen, die eine differente Füllung von indexikalen Bedeutungen haben. Die Aufgabe von Kommunikation im Sinne eines geglückten Verstehensprozesses ist damit die gegenseitige Entschlüsselung hochgradig indexikaler Begriffe und Sprachhandlungen. Die Aufschlüsselung von Indexikalität wird darüber zu einem methodischen Grundprinzip qualitativer (Interview-)Forschung und dem anschließenden rekonstruktiven Analyseprozess: Denn die Stärke qualitativer Verfahren ist die „Er-Öffnung" von Kommunikationssituationen, um die indexikalischen Bedeutungen der subjektiven Wirklichkeitskonstruktionen der zu beforschenden Subjekte im rekonstruktiven Analyseprozess zu entschlüsseln. Dies ist auch die Stärke gegenüber dem quantitativen Paradigma, das aufgrund seines standardisierten Zugangs zur sprachlichen Wirklichkeit der zu erforschenden Subjekte im Prinzip immer genötigt ist, Begriffe zu verwenden, die von ihrer Indexikalität gereinigt bzw. „geheilt" (Garfinkel 1973: 213) sind. Dies ist aber grundsätzlich unmöglich:

> „Mit Indexikalität gehen die Gesprächsteilnehmer und die Wissenschaftler verschieden um. Für die ersteren ist sie ein unbemerktes und nicht kommentierenswertes Faktum. Zwar sind wir im Alltag oft nicht mit dem zufrieden, was der Andere oder wir selbst gesagt haben; wir elaborieren, reparieren oder reformulieren es. Es kommt natürlich auch vor, dass wir von unserem Gesprächspartner gebeten werden, die Bedeutung einer sprachlichen Handlung metakommunikativ zu erläutern. [...] Allerdings wären alle Antworten auf solche Reparaturinitiierungen, wiewohl sie einen Teil der indexikalischen Vagheit der ursprünglichen Äußerung beseitigen könnten, selbst wieder indexikalisch und daher prinzipiell reparaturbedürftig. [...] Würde man nun versuchen, die Indexikalität der Antwort in einem weiteren metakommunikativen Schritt aufzuklären [...], so erhielte man erneut indexikalische und daher reparaturbedürftige Antworten. Vermutlich kämen wir schnell an die Grenzen, wo unser Gesprächspartner Bedenken über unser Befinden äußern würde. Der theoretisch infinite Regress von Erklärungen, die jeweils die vorausgehende Äußerung des Anderen ein Stückchen zu de-indexikalisieren suchen, dabei aber neue erklärungsbedürftige Äußerungen nach sich ziehen, ist in der Praxis des Alltagslebens schon nach wenigen ‚Reparaturrunden' am Ende." (Auer 1999: 130)[24]

---

[24] Zum Umgang mit Indexikalität in der Sozialwissenschaft siehe auch Garfinkel (1973: 213f.) sowie die Arbeitsgruppe Bielefelder Soziologen (1973: 259).

Relevanz für die Analyse von Metaphern
Als Resümee kann festgehalten werden, um eine direkte Rückbindung dieser theoretischen Ausführungen an die Praxis rekonstruktiver Analyse (von Metaphern) zu sichern, dass man im rekonstruktiven Analyseprozess gerade die methodische Aufgabe hat, zu indexikalisieren, d.h. die indexikalen Begriffe und Sprechakte der Befragten aufzugreifen und textimmanent weiter zu eröffnen. Dies gilt insbesondere für metaphorische Ausdrücke, welche, wie in *Kapitel IV* deutlich wird, hochgradig indexikal sind: Metaphern können als kulturelle Fußabdrücke gesehen werden (siehe *Kapitel IV.3*). Metaphern benötigen Kontext, bilden jedoch gleichzeitig Kontext. Eben jene starke Kontextabhängigkeit und Kontextbildung macht eine grundsätzliche Auseinandersetzung mit Indexikalität unumgänglich. Dies gilt nicht nur für die theoretische, sondern auch die praktische Ebene der Metaphernanalyse. Denn im Endeffekt fragen wir in der Analyse: Welche Bilder stehen hinter diesen spezifischen Ausdrücken? Wie kommen sie zustande? Welche Bedeutung haben sie? (siehe hierzu ausführlicher *Kapitel IV*) Damit vollzieht sich der rekonstruktive Analyseprozess im Allgemeinen und von Metaphern im Speziellen im Prinzip nach dem Stil der Krisenexperimente von Harold Garfinkel. Wie bereits ausgeführt, muss der zu analysierende Text ständig befragt werden: „Was meinst du damit?" An dieser Stelle konvergieren die beiden erkenntnistheoretischen bzw. methodologischen Grundprobleme rekonstruktiver Analyse (Fremdverstehen und Indexikalität), denn eine indexikalisierende Analysepraxis setzt die „Befremdung der eigenen Kultur" (Hirschauer/Amann 1997) voraus, welche die Voraussetzung dafür bildet, andere indexikale Sinnstrukturen ‚fremd-zu-verstehen'. Und diese Befremdung ist letztendlich ein grundlegendes Element sowohl für das Erkennen als auch das Verstehen bzw. Interpretieren von Metaphern.

III.2 Methodologische Grundannahmen rekonstruktiver Analyseverfahren

Die folgenden Ausführungen zu methodologischen Grundprinzipien rekonstruktiver Analyseverfahren stehen in teilweise enger Anlehnung an die Grundannahmen rekonstruktiver Analyse, die Lucius-Hoene/Deppermann (2002: 95ff.) in einem vergleichbaren Zusammenhang formuliert haben: Diese müssen verstanden werden als methodologische Basierung rekonstruktiver Analysepraxis als eine spezifische Haltung, und in jenem Sinne haben sie auch in dem hier vorgestellten Rahmen ihre zentrale Bedeutung. Sie stellen zwar zum einen bereits erste analysepraktische Regeln der rekonstruktiven Analysearbeit dar, zum anderen aber eben spezifische Regeln des Verhaltens gegenüber sprachlich-kommunikativ konstruierter Wirklichkeit, die insbesondere metaphorisch strukturiert ist (siehe ausführlicher *Kapitel IV*). Sie übernehmen somit die Funktion übergreifender methodologischer Basisannahmen.

Verweis auf einen über den Sinngehalt des Wortes oder sprachlichen Ausdrucks hinausgehenden Sinn

Eine erste – in Anlehnung an die bisher referierten linguistischen Grundlagen – zentrale Basisannahme für rekonstruktive Analyseverfahren ist, dass Versprachlichungen stets noch einen weitergehenden Sinn als das ‚rein Gesagte' mit ‚transportieren':
Aus einer ethnomethodologisch-konversationsanalytischen Perspektive (vgl. Bergmann 1988) heraus bilden ‚das Gesagte' und ‚das Gemeinte' zwei Ebenen, die erst in einem Interaktionsprozess emergent hergestellt und geklärt werden (vgl. weiterführend Auer 1999). Dies bedeutet für die rekonstruktive Analyse von Interviews, dass der Sinngehalt von Versprachlichungen stets vor dem Hintergrund der interaktiven Verständigungsleistungen betrachtet werden muss (vgl. *Kapitel II.2*), welche den Sinn überhaupt erst ‚produzieren'. Dies führt aus einer kommunikationstheoretischen Perspektive dazu, dass die Herstellung sprachlich-kommunikativen Sinns auch in der Unterscheidung von Beziehungs- und Inhaltsaspekten einer Mitteilung gefasst wird, wofür es verschiedene prominente Vertreter gibt, allen voran Paul Watzlawick (exemplarisch Watzlawick et al. 1995). Ein Grundmerkmal menschlicher Kommunikation in dieser Hinsicht ist, dass, wer immer auch kommuniziert, Beziehungen gestaltet, und diese Beziehungsgestaltungen selbst wiederum einen Schlüssel bilden für die Entschlüsselung des sprachlich-kommunikativ konstruierten Sinns.

Aus einer sprachwissenschaftlichen Perspektive ist die Unterscheidung von Denotation und Konnotation bekannt. Diese Unterscheidung ist vergleichbar mit der Differenzierung von Karl Mannheim im Rahmen seiner Begründung der Dokumentarischen Methode in einen immanenten bzw. kommunikativ-generalisierten Sinn und einen dokumentarischen Sinn eines Wortes, also dem Sinn, der sozusagen als ‚dahinter stehend' angezeigt wird, und wofür das jeweilige Wort nur als ein ‚Dokument' steht (vgl. *Kapitel III.1*). In diesem Zusammenhang steht wiederum das Problem der Indexikalität (vgl. *Kapitel III.1*), dass sich die Bedeutung eines Wortes oder einer sprachlichen Äußerung nicht aus sich allein heraus und isoliert betrachtet ergibt. Dies bedeutet, dass nur über die Rekonstruktion dieses ‚netzwerkförmig' angelegten semantischen Sinns die Bedeutung eines Wortes bzw. einer Versprachlichung herausgearbeitet werden kann.

In diesem Zusammenhang eine Phraseologie: *Der Sinn steht zwischen den Zeilen.* Allerdings steht zwischen den Zeilen leider nichts. Aber sozusagen *hinter den Zeilen*, d.h. *hinter den Wörtern und sprachlichen Ausdrücken*, ‚verbirgt' sich im Sinne der Dokumentarischen Methode von Karl Mannheim mannigfaltiger Sinn: So kann ‚Berlin' eben vieles anderes als nur ‚Großstadt' bedeuten, ebenso ‚Dorf' – und wer in ‚Freiburg' lebt, wird feststellen, dass dort viele sagen, dass ‚Freiburg' ein ‚Dorf' sei.[25]

---

[25] Diesem Ansatz folgen analysepraktisch wohl am stärksten die ethnomethodologische Konversationsanalyse (vgl. Bergmann 1988) sowie die Positioning-Analyse (ursprünglich Hollway 1984; siehe auch Harré/van Langenhove 1999; vgl. auch Korobov 2001; Lucius-Hoehne/Deppermann 2002: 196ff.).

Regeln und Relevanzen bestimmen die Selektionen der Versprachlichung
Im *Kapitel II.4* wurde das Axiom formuliert, dass Wirklichkeit stets konstruierte Wirklichkeit ist und damit kontingent. In den Worten von Harold Garfinkel (vgl. Bergmann 1988) ist Wirklichkeit stets *Vollzugswirklichkeit*[26], d.h. außerhalb des Vollzugs von Wirklichkeit gibt es keine ‚für sich stehende' Wirklichkeit. Dies gilt auch für Sprache bzw. Kommunikation, also für die Konstruktion sprachlich-kommunikativen Sinns. Die praktische Konsequenz für die rekonstruktive Analyse: Die gegenüber sprachlichen Ausdrücken immer wieder angebrachte alltagstheoretische Argumentation: „Das sagt man halt so!" muss man im Rahmen rekonstruktiver Analysearbeit vergessen. In der Versprachlichung ist nichts selbstverständlich, alles ist phänomenal und nur aufgrund sozialer Prozesse ist dieses Phänomenale selbstverständlich geworden. Dass tatsächlich alles phänomenal ist, liegt daran, dass Sprecher/innen viele verschiedene Möglichkeiten haben, einen spezifischen Sinn sprachlich-kommunikativ zu konstruieren. Durch die unterschiedliche Selektion in einer konkreten Sprechsituation wird auch unterschiedlicher Sinn konstruiert. Äußerungen sind keine zufällige Auswahl aus dem Universum möglicher sprachlicher Äußerungen in einer bestimmten Situation. Sie folgen nicht nur den mit der Sprache erlernten Regeln, sondern sie sind *symbolisch* vorstrukturiert: Subjektive Relevanzen, Konsistenzregeln und Muster der Deutung von Welt bestimmen, *was* durch einen Sprecher bzw. eine Sprecherin *wie* gesagt wird (vgl. hierzu ausführlicher das folgende *Kapitel III.3*). Hieraus folgt der Paradigmenwechsel in der Perspektive auf die Konstruktion sprachlich-kommunikativen Sinns: Nicht *was* gesagt wird, ist essentiell, sondern *wie* etwas gesagt wird konstruiert das, *was* gesagt wird.[27] Der Schlüssel zur Rekonstruktion sprachlich-kommunikativen Sinns liegt also in der Rekonstruktion der Regeln und Relevanzen der sprachlichen Sinnproduktion.

> **Relevanz für die Analyse von Metaphern**
> In Metaphern wird ein Gegenstand oder ein Prozess in Worten eines anderen Gegenstandes oder Prozesses ausgedrückt (ausführlicher hierzu *Kapitel IV*). Diese Beziehung ist keine zufällige, sondern beruht auf Ähnlichkeiten, die von den Sprechern und Sprecherinnen erkannt und auf den Zielbereich der Metapher übertragen werden. Hierbei haben Sprecher/innen die Möglichkeit, verschiedene metaphorische Konzeptsysteme (vgl. wieder ausführlicher *Kapitel IV*) zu wählen. Ein Zielgegenstand ist nie identisch mit dem bildgebenden Gegenstand, denn ansonsten würde es sich nicht um eine Metapher handeln. Gezwungenermaßen ‚hinkt' jede Metapher, und würde sie nicht hinken, wäre sie keine. Hinter einer Metapher steht also immer eine Entscheidung für diese eine oder gegen die

---

[26] Eine Basisannahme, die auch der symbolische Interaktionismus teilt; als Einführung hierzu siehe Dirk Koob 2007.
[27] Dieser Paradigmenwechsel vom *Was* zum *Wie* wurde bereits durch Bohnsack prägnant dargestellt als eine eben paradigmatische Perspektive von qualitativer Sozialforschung überhaupt (exemplarisch Bohnsack et al. 2003: 42).

vielen anderen möglichen Metaphern. Diese Entscheidung ist meistens eben keine bewusste und individuelle; sie kann auch als Redekonvention sedimentiert sein. Metaphern folgen jedoch nicht nur den mit der Sprache erlernten Regeln, sondern sie sind *symbolisch vorstrukturiert*: Subjektive Relevanzen, Konsistenzregeln und Muster der Deutung von Welt bestimmen, *was wie* metaphorisch gesagt wird. Und eine Metapher kann *je nach Kontext* verschieden wirken: Eine ‚Ungeziefer'-Metapher wirkt, auf Hedgefonds-Manager/innen angewandt, anders als wenn sie auf Immigranten bzw. Immigrantinnen angewandt wird. Metaphern müssen zwar im Analyseprozess isoliert und meistens als von der Bewusstheit der Sprecher/innen entkoppelt gesehen werden. Doch ohne die Analyse ihres Entstehungskontexts (in der Situation und historisch) bleiben Metaphern leere Hüllen: *Der Kontext macht die Musik.*

Rekonstruierbarkeit der Regeln und Relevanzen sprachlicher Sinnkonstruktion
Der von uns vorgestellte Ansatz setzt voraus, dass die Regeln und Relevanzen sprachlicher Sinnproduktion rekonstruiert werden können. Die Möglichkeit dazu muss einerseits als Basisannahme formuliert werden, sie muss aber auch analysepraktisch anhand von ausgewiesenen rekonstruktiven Verfahrenstechniken realisiert werden. An dieser Stelle setzt unsere Begründung dafür an, dass das Auswertungsverfahren der Metaphernanalyse umfassender eingebettet werden muss: in ein integratives, rekonstruktionslogisches Basisanalyseverfahren, welches im *Kapitel III.3* vorgestellt wird. Ein solches Verfahren ermöglicht es, die Selektion unterschiedlicher metaphorischer Konzeptsysteme in dem breiteren komplexen und selektiven Vollzug sprachlich-kommunikativer Sinnkonstruktionen analytisch einbetten zu können.

Sinnhaftigkeitsunterstellung
Aus dem zweiten Axiom „Alles macht bzw. hat einen Sinn" (*Kapitel II.4*) und den beiden zuvor ausgeführten methodologischen Grundprinzipien rekonstruktiver Analyseverfahren folgt zwangsläufig, dass jeder Interpret bzw. jede Interpretin zunächst mit *dieser Haltung* an seine bzw. ihre zu analysierenden Texte herangeht, dass eben darin alle sprachlichen Äußerungen einen Sinn für sich ergeben. Diesen zu rekonstruieren ist das Ziel rekonstruktiver Analyse. In einem Auswertungsprozess zum Beispiel zu der Vermutung zu kommen, dass eine Erzählperson lügt wie gedruckt, ist bei weitem kein interessantes Ergebnis, wenn nicht geklärt werden kann, welchen Sinn diese Lüge hat. Um dies zu klären, muss man die Sinnhaftigkeit dieser Lüge akzeptieren. In rekonstruktiven Analyseprozessen werden weder Wahrheitsfragen gegenüber den sprachlich-kommunikativen Sinnäußerungen im jeweiligen Text gestellt, noch dürfen diese mit exmanenten Sinnsystemen konfrontiert werden: Es wird nicht *eine* ‚objektive Wirklichkeit' erhoben, sondern die wirklichkeitsgenerierende Sinnhaftigkeit sprachlich-kommunikativer Phänomene. Gabriele Lucius-Hoene und Arnulf Deppermann haben dieses rekonstruktive Prinzip mit der Formel ‚Der Text ist autonom' auf den Punkt gebracht (Lucius-Hoene/Deppermann 2002).

Notwendigkeit der Unterscheidung von Analyse und Interpretation
Die vorangegangenen Ausführungen zum Paradigmenwechsel vom *Was* zum *Wie* innerhalb rekonstruktiver Sozialforschung bzw. Analysepraxis machen es notwendig, innerhalb des Auswertungsprozesses zwischen ‚Analyse' und ‚Interpretation' zu unterscheiden. Clifford Geertz hat im Sinne eines Metakonzeptes in Hinblick darauf, worum es in der rekonstruktiven Sozialforschung und Analyse letzten Endes geht, die Frage formuliert: „What the hell is going on"? („Was zum Teufel wird hier gespielt?"; vgl. Olson 1991). Nimmt man ernst, dass Wirklichkeit stets sprachlich-kommunikativ konstruierte Wirklichkeit ist und nur als „Vollzugswirklichkeit" (Garfinkel 1973) existiert, ist es die Pflicht des Interpreten bzw. der Interpretin, zunächst diesen sprachlich-kommunikativen Vollzug von Wirklichkeit, also das *Wie*, umfassend zu beschreiben. Erst dann kann interpretiert werden, was damit an Bedeutung konstruiert worden ist. Jede rekonstruktive Auswertung beginnt somit mit einer deskriptiven Analyse, die erst zum Schluss in eine intepetative Schließung mündet. Dies macht notwendig, ‚Analyse' und ‚Interpretation' als unterschiedliche Dimensionen bzw. Phasen im Auswertungsprozess zu unterscheiden. Wir schlagen die Differenzierung vor, dass unter dem Begriff der ‚Analyse' der gesamte rekonstruktive Auswertungsprozess verstanden wird. Unter ‚Interpretation' wird das Ergebnis dieses rekonstruktiven Prozesses verstanden, wenn also die Analyse in eine Lesart, eine Deutung mündet. Dies erscheint uns auch insofern notwendig, als in der bisherigen Methodenliteratur nicht durchgängig in dieser Weise unterscheiden wird, und in diesem Zusammenhang wiederum die unterschiedlichen analytischen Zugriffe der *Deskription* und der *Interpretation* verschwimmen (siehe hierzu ausführlicher Kruse 2010, Oktober; Kruse 2009c).

Gegenstandsbezug, Datenzentrierung
Aus den bisher ausformulierten Basissätzen zur Methodologie rekonstruktiver Analyseverfahren ergibt sich, dass die Analyse und deren Ergebnisse in Form von interpretativen Schlüssen streng auf das vorhandene Textmaterial bezogen werden müssen (vgl. hierzu auch Strauss/Corbin 1996). Interpretationen müssen aus dem vorhandenen Textmaterial heraus entwickelt werden und sich konsistent mit diesem decken. Es soll so wenig wie möglich eigener Sinn in den fremden Sinn des Textes hineingelegt werden.[28] Dass dies nicht einfach ist, kann man an seinen eigenen Interpretationen kritisch überprüfen, indem man sie hinterfragt mit: „*Wo steht das im Text?*" Damit zwingt man sich, die eigenen Interpretationen systematisch am Textmaterial zu belegen, womit eine strenge Rückbindung an die Daten stattfindet. So wie man den Einstieg in die Analyse mit der deskriptiven Metafrage von Clifford Geertz – „What the hell is going on"? (vgl. Olson 1991) – wählen sollte, um sich auf die Daten zu kon-

---

[28] Achten Sie dabei auf die Formulierung „so wenig wie möglich". Denn vor dem erkenntnistheoretischen Hintergrund des Problems des Fremdverstehens kann es niemals eine rekonstruktive Analyse geben, in der nichts an die Daten herangetragen wird (s. *Kapitel II.1*; vgl. auch Kruse 2011).

zentrieren, so sollte man den analytischen Ausstieg aus dem Interpretationsprozess durch die Frage „*Wo steht das im Text?*" wählen. Dass dies nicht einfach ist, liegt daran, dass die *deskriptiv* geleitete Analyse so nah wie möglich am Text und seinem Relevanz- bzw. Sinnsystem stattfindet. Die Interpretation hingegen wird vor dem Hintergrund des eigenen Relevanzsystems formuliert, und geht damit weg vom Text. Jede Interpretation muss so deskriptiv wie möglich am Text belegt werden können, und hierzu wird wieder ein spezifischer rekonstruktiver Verfahrensansatz notwendig, der diese ‚Bodenhaftung' an den sprachlich-kommunikativen Phänomenen herstellen und halten kann.

> **Relevanz für die Analyse von Metaphern**
> Aus der Datenzentrierung rekonstruktiver Analyse folgt, dass die Analyse von Metaphern nicht als isoliertes Werkzeug zur Rekonstruktion von sprachlich-kommunikativen Bedeutungen verwendet werden kann. Lakoff und Johnson (2003) führen zwar aus, dass unsere Kognition und unsere Versprachlichung weitgehend eine Sache der Metapher sind (vgl. ausführlicher *Kapitel IV*), aber eben nur *weitgehend*. Metaphorik wird nicht allein auf (wort-)semantischer Ebene generiert (siehe hierzu das folgende *Kapitel III.3*), sondern auch durch andere sprachlich-kommunikative Prozeduren, die im Gesamtzusammenhang beobachtet und gedeutet werden müssen.

Rekonstruktionshaltung
Aus den bisherigen Punkten lässt sich eine spezifische Haltung sowohl in der Sicht auf ‚Wirklichkeit' als solche als auch in der Sicht auf die eigenen erhobenen und zu analysierenden Daten zusammenfassend formulieren, die als *Rekonstruktionshaltung* bezeichnet werden kann (vgl. Lucius-Hoene/Deppermann 2002). Die Rekonstruktionshaltung verkörpert das Prinzip der Offenheit der Analyse: Es soll so wenig wie möglich das subjektive Relevanzsystem des/der Forschenden in den Text hineingelegt werden, sondern der Sinn, das fremde (subjektive) Relevanzsystem des Textes soll so weitgehend wie möglich aus dem Textmaterial herausgearbeitet werden. Der fremde Sinn soll aus dessen eigener Sinnstrukturiertheit heraus rekonstruierbar werden. Diese Haltung bedeutet zugleich Zurückhaltung mit vorschnellen Interpretationen, denn Interpretationen stehen ganz am Schluss der Analysearbeit. Diese Rekonstruktionshaltung im Sinne des Prinzips der Offenheit ergibt sich auch konsequenterweise aus dem Problem des Fremdverstehens und dem Problem der Indexikalität menschlicher Sprache und Kommunikation (siehe *Kapitel II.1* und *III.1*); sie wurde in anderen Zusammenhängen als *Fremdheitsannahme*, als *Verfremdungshaltung*, als *methodische Suspension* oder als *methodischer Skeptizismus* konzeptionalisiert. Die Rekonstruktionshaltung, d.h. das möglichst lange Zurückstellen der eigenen Vorannahmen und des eigenen Relevanzsystems, ist jedoch nicht erst in der Situation der Analyse der erhobenen Daten von grundlegender Bedeutung, sondern bereits zuvor bei der *Erhebung der Daten* (vgl. Kruse 2010, Oktober; Kruse 2009a, 2009c; Helfferich 2005;

Hopf 1978). Die *Analysesituation*, die im Mittelpunkt unserer Überlegungen steht[29], stellt im Prinzip wieder eine kommunikative Situation dar, nämlich eine Kommunikation mit dem Text, der gedeutet wird und an den Fragen gestellt werden: Hier besteht deshalb genauso die Gefahr, dass die Interpreten und Interpretinnen sich an die Stelle der Befragten setzen und dem, was erzählt wurde, ihren eigenen Sinn zugrunde legen. Der Sinn soll so wenig wie möglich in den Text hineingelegt, sondern eben so weit wie möglich aus ihm heraus gewonnen werden. Es ist nicht das Ziel, das Vorverständnis des bzw. der Forschenden im Verstehensprozess zu suchen und zu bestätigen, sondern es soll sich weiterentwickeln, modifizieren und es soll durch das fremde Sinnsystem korrigiert werden. Das heißt vereinfacht ausgedrückt: Wir haben Interpreten und Interpretinnen, die das Interview lesen, mit ihren Brillen, Vorannahmen und eigenen Erfahrungen. Die Gefahr ist groß, dass die Interpreten und Interpretinnen ihren Sinn in das Interview hineinlegen und nur das lesen oder verstehen, was zu ihren Erfahrungen passt. Offenheit bedeutet die Bereitschaft, diese eigene Brille so weit wie möglich außen vor zu lassen und den Text für sich sprechen zu lassen (vgl. Lucius-Hoene/Deppermann 2002) bzw. sich ganz verschiedene Brillen aufsetzen zu können. Dies kann und sollte dazu führen, dass die eigenen Vorannahmen eine Korrektur erfahren, dass man zu überraschenden Ergebnissen kommt. Für eine Selbstreflexion der Analyse gilt es damit, sich die Fragen zu stellen: Was hat die jeweils formulierte Deutung bzw. Lesart des Textes mit mir selbst zu tun? Welche anderen möglichen Lesarten gibt es? Zu welchen Deutungen kommen andere (bspw. in einer Analysegruppe, siehe *Kapitel III.3*)? Hier zeigt sich also wiederum, dass der Prozess des Fremdverstehens (*Kapitel II.1*) in der Analyse auf einem reflexiven Selbstverstehen aufbaut. Auch in der sozialwissenschaftlichen Hermeneutik wird dies zum Programm der Analyse fremden Sinns erhoben:

> „Vom Standpunkt der Phänomenologie ist das Fremdverstehen eine besondere Art des Selbstverstehens. Anders gesagt: Ein Individuum versteht die sozialen Ausdrucksweisen eines anderen Individuums, indem es sich selbst auslegt – als uninteressierter Analytiker seines Fremdverstehens. Einen Begriff von Weber aufnehmend, könnte man hier auch von einem doppelten methodologischen Individualismus sprechen. Der Sozialphänomenologe interessiert sich zwar für andere – und nicht für sich, aber der Weg zum anderen führt in der Phänomenologie über das eigene Ich." (Kurt 2002: 164f.; siehe auch Kurt 1995: 160ff.)

Hierin besteht ein zentrales Moment der Rekonstruktionshaltung: dass diese nicht ausschließlich auf den fremden Sinn bezogen wird, sondern gerade auch auf den ‚Eigen-Sinn' (vgl. Kruse 2009a, 2009b).

---

[29] Was aber i.d.R. bereits voraussetzt, dass auch die Daten eben so weitgehend ‚offen' wie möglich erhoben worden sind; deshalb der vorausgegangene Exkurs zur Rekonstruktionshaltung im Sinne einer methodischen Suspension in der Interviewsituation.

Transparenz der Deutung
Die rekonstruktive Analyse qualitativer Daten steht und fällt mit der Frage danach, welchen Status die Ergebnisse haben. In den verschiedenen Methodenparadigmen werden hierfür unterschiedliche Gütekriterien diskutiert (vgl. Steinke 2008; Kvale 1989). Diese sind u.E. aber bereits eine Ebene zu weit gedacht. Sehr viel grundlegender erscheinen uns folgende Aspekte: Empirische Sozialforschung ist die systematische Anwendung von explizierten Regeln und Schritten im Erkenntnisprozess, die methodische Kontrolle (und methodischer Konflikt mit) jener Anwendung und Durchführung und deren kritischen Selbstreflexion. Die Qualität der Ergebnisse ist überzeugend und valide, wenn der eigene Forschungs- und Erkenntnis- und Konfliktprozess soweit wie möglich transparent dokumentiert und somit intersubjektiv nachvollziehbar wird (vgl. Kruse 2010, Oktober). Denn damit wird eine Diskussion in Bezug auf die erhobenen Daten möglich, und es wird eher die Gefahr vermieden, dass die Sozialforschenden über die eigenen – stets subjektiven und selektiven – Erkenntnisse (Interpretationen) einen meistens müßigen Streit beginnen und eine Intersubjektivierung von Erkenntnis (als Ziel von empirischer Wissenschaft) zu scheitern beginnt. Das klingt zunächst banal. Unserer Ansicht nach wird jedoch in der Praxis der empirischen Sozialforschung (gleichgültig welcher) mit dem Transparenzgebot allzu oft stiefmütterlich umgegangen (Kruse 2010, Oktober; Suddaby 2006), wofür es eine soziologische Erklärung gibt. Denn die empirische Sozialforschung ist selbst ein soziales Phänomen, das es zu rekonstruieren gilt: Wer es mit dem Transparenzgebot ernst nimmt (was eben eigentlich das Kriterium für Wissenschaftlichkeit ist u.E.), macht seinen Forschungs- und Erkenntnis- und Konfliktprozess für andere einsehbar und macht sich damit anfechtbar; die Forschungsergebnisse können leicht hinterfragt werden. Somit werden Intransparenzstrategien sozial gesehen verständlich. Die Analysearbeit an den Daten und die letztendlichen Interpretationen *müssen* jedoch so transparent und intersubjektiv nachvollziehbar wie möglich dargestellt werden und ihre Argumentationsführung muss plausibel sein (vgl. Kvale 1989). Dies heißt zudem oftmals, dass auch alternative Lesarten argumentativ entwickelt werden sollten bzw. der Hinweis auf diese gegeben wird, auch wenn sie dann nicht weiter ausgeführt werden. Das Transparenzgebot ist sicherlich schwierig für die gesamte Arbeit in voller Güte umsetzbar. Insofern sollte in den methodischen Ausführungen zur empirischen Arbeit nicht nur das Analyseverfahren konkret beschrieben werden. Zu Beginn der Darstellung der empirischen Ergebnisse sollte auch anhand einer beispielhaften Textpassage das konkrete analytische Vorgehen ausführlich demonstriert werden, so dass es als praktischer Ausweis für die Analysearbeit als solche gilt (vgl. exemplarisch Kruse 2010, Oktober; Kruse 2009a). Gerade in diesem Zusammenhang ist es wichtig, auch Konflikte, Probleme und Modifikationen offen zu besprechen – immer in Hinblick darauf, ob dem Text dabei genüge getan wird, nicht in Hinblick darauf, ob man einer Methodik oder Methodenschule genüge getan hat. Im Endeffekt zählt die Auseinandersetzung mit der Forschungsrealität, und diese ist nicht so steril wie so manches methodische Dogma. Die Darstellungen der weiteren empirischen Ergeb-

nisse sollen dann zwar auch stringent text- bzw. datenbasiert sein, müssen aber oftmals nicht mehr in jener dezidierten Ausführlichkeit erfolgen, sondern können auch anhand besonders prägnanter Passagen iterativ belegt werden. Dies verdeutlicht, dass im Grunde jede empirische Sozialforschung auf der Ebene der Präsentation der Ergebnisse schlussendlich nicht ohne das Prinzip von Treu und Glauben auskommen kann.

> **Die Relevanz der methodologischen Grundannahmen für die rekonstruktive Metaphernanalyse – ein Fazit**
> Ohne Vorannahmen, ohne Relevanzsystem sind Wissen und Verstehen nicht möglich. Doch unsere von unhinterfragten Vorannahmen geprägte sprachliche Gewohnheit, d.h. die der alltagssprachlichen Haltung zugrunde liegende Selbstverständlichkeit, führt dazu, dass wir viele Ausdrücke gar nicht als metaphorisch erkennen. Doch Metaphern sind alltäglich. Sie sind so alltäglich, dass wir sie mit unserem alltäglichen Blick nicht einmal sehen (vgl. Buchholz 2003: 7ff.). Die Metaphernanalyse ist ein Paradebeispiel dafür, wie Vorannahmen blind machen können – bis ins Extrem, nämlich dass ein sprachlich-kulturell grundlegendes Phänomen schlichtweg übersehen wird.
> Methodisch geleitetes Vorgehen bringt Forschende immer in Konflikte: In diesem Fall in den Konflikt, dass man offen an einen Text herangehen soll, es absolute, voraussetzungslose Offenheit aber nicht geben kann. Doch genau dieser Konflikt *ist* methodisches Vorgehen. In der Auseinandersetzung nicht vereinbarer Pole werden Vorannahmen expliziert, abgewogen und modifiziert. Die Forschenden stehen im Konflikt, und um ihn zu lösen, wägen sie ihre Entscheidungen, Ideale und Restriktionen ab – und legen diesen Entscheidungsprozess idealer Weise anderen offen. Methodisches Vorgehen zeichnet sich nicht durch Reinheit aus, sondern durch den offenen Umgang mit Konflikt.
> Im Fall der Metaphernanalyse besteht dieser Konflikt auf der Ebene des Erfahrungs- bzw. Wissenshorizonts. Einerseits kann man zu unerfahren sein und viele Metaphern und ihre kulturellen Hintergründe übersehen. Andererseits läuft man als ‚Metaphernanalyse-Spezialist/in' Gefahr, überall Metaphern zu sehen und sie überzuinterpretieren oder überzugewichten (vgl. Schmitt 1997: § 5.2). Das Prinzip der Offenheit hilft in beiden Fällen, einen gewissen Konflikt mit sich selbst aufrecht zu erhalten. Noch konkreter gesagt: Auch in der Metaphernanalyse sollte daran festgehalten werden, warum man sich für eine bestimmte Lesart der Metaphoriken entscheidet, und welche Hintergründe bzw. Vorannahmen hinter der eigenen Analyse stecken. Hierbei kann die Metaphernanalyse wiederum ein effektives Hilfsmittel sein: wenn nämlich die eigenen Metaphern von Forschung und Analyse in den Fokus der Reflexion gerückt werden (s. hierzu insbesondere *Kapitel IV.8*).

III.3 Rekonstruktive Analyse: ein integratives Basisverfahren

Menschliche Verstehensleistungen – und damit die Interpretationen im Rahmen rekonstruktiver Analyseprozesse – stellen Fremdverstehen dar (*Kapitel II.1*), weil sie immer auf hermeneutischen Sinnauslegungen basieren, die vor dem Hintergrund des eigenen Relevanzsystems vollzogen werden. Fremdverstehen ist also das Selbstdeuten von sozialem Sinn. Insofern ist es für den Prozess des Fremdverstehens bzw. der rekonstruktiven Analyse zentral, dass er auf der Basis einer grundsätzlichen Offenheit für fremde und eigene Relevanz- und Sinnstrukturen stattfindet. Diese drücken sich stets in komplexer Weise sprachlich-kommunikativ aus, und insofern müssen ihre Deutungen kontrolliert und reflektiert werden. In der Konsequenz bedeutet dies, dass der/die Forscher/in sich nicht auf seine bzw. ihre Deutungen der ihm bzw. ihr auffallenden sprachlich-kommunikativen Sinnstrukturen verlassen darf: Das *eigene* Relevanzsystem muss hinterfragt, es muss herausgefordert werden. Nur so kann es im Endeffekt – als alleinige Instanz des (Fremd-)Verstehensprozesses – theoretisch sensibilisiert werden (vgl. Kruse 2011). Die Voraussetzung für diesen Prozess ist schließlich: *Offenheit* – gegenüber den mannigfaltigen und stets spannenden Aspekten der sprachlich-kommunikativen, d.h. textuellen Daten, und gegenüber vielfältigen alternativen Lesarten. Wir platzieren das Prinzip der Offenheit nicht nur als einen Teilaspekt qualitativen Forschens: Rekonstruktive Analyse *beruht auf Offenheit*; sie ist eine zur Verfahrenshilfe geronnene offene Erhebungs- und Analysehaltung. Zentral für das hier vorgestellte integrative Basisverfahren ist daher (a) die methodische Sensibilisierung für sprachlich-kommunikative Phänomene, (b) eine prinzipielle Offenheit gegenüber verschiedenen analytischen Auswertungsverfahren im Sinne von analytischen Perspektiven und (c) die Auswertung und Diskussion in der Analysegruppe, die eine zentrale Rolle in der methodischen Kontrolle des Fremdverstehens spielt.

Die methodische Kontrolle des Fremdverstehens muss auf zwei Ebenen verankert werden: *Erstens auf der Ebene der Datenerhebung*, also der Interviewdurchführung. Eine befragte fremde Person tritt hier mit dem/der Forscher/in in einen komplexen und emergenten Kommunikationsprozess (vgl. *Kapitel II.2*). Das im Kontext der sozialwissenschaftlichen Forschung ausgearbeitete Paradigma der Kontrolle des methodischen Fremdverstehens (vgl. Bohnsack 2000; Schütze et al. 1973) verlangt in der Interviewkommunikation (a) das Befremden des eigenen Normalitätshorizontes, (b) das Zurücknehmen von Deutungen und (c) den Verzicht auf ergebnisorientierte Führung. *Zweitens auf der Ebene der Auswertungssituation*: Und hier führt es in analoger Weise zur Umsetzung methodischer Verfahrensprinzipien, welche die Interpretierenden in der Datenauswertung verlangsamen. Sie sorgen dafür, dass mit spontanen Deutungsimpulsen vorsichtig und reflexiv umgegangen wird und dass man sich darauf einlässt, sich von den Sinnstrukturen des Textes führen zu lassen. Um die Autonomie eines Textes im Vorfeld anerkennen zu können – um überhaupt zu einer Lesart zu kommen (vgl. Lucius-Hoene/Deppermann 2002) –, müssen eigene Deutungsschemata kontrolliert werden. Dies heißt nicht nur, verschiedene methodische Verfahrensregeln zu befolgen. Es heißt vielmehr, nicht nur ein *bestimmtes*, bereits erprobtes Verfahren oder ein methodisches Steckenpferd zum Einsatz zu bringen (vgl. *Kapitel III. 2*). Das Ziel ist die Einnahme einer Haltung, die als *suspensive Haltung* oder auch *Verfremdungshaltung* (aus der Ethnografie kommend, vgl. Hirschauer/ Amann 1997) bezeichnet wird: Im Rahmen des Prinzips der Offenheit rekonstruktiver Sozialforschung muss eine Analysehaltung eingenommen werden, welche stets die

Autonomie des Textes sicherstellt. Mit anderen Worten: Der Text ‚sagt' einem in Absprache mit den eigenen Erkenntnisinteressen, wie er konkret im Detail auszuwerten ist (z.b. metaphernanalytisch, interaktions-/gesprächsanalytisch, inhaltsanalytisch, diskursanalytisch etc.). Das bedeutet also, dass nicht die eigenen Erkenntnisinteressen *allein* bedingen, wie der Text zu lesen ist.

Die Analyse von Metaphern: Einer von vielen Zugängen
In diesem Band beschäftigen wir uns mit der Metaphernanalyse – doch sie ist nur einer von verschiedenen möglichen Analysepfaden. Die Analyse von Metaphern läuft oftmals im Zusammenhang der Anwendung anderer Analyseverfahren mit; sie stellt in vielen Analyseverfahren eine wichtige zu verfolgende Perspektive auf die textuellen Daten dar, womit sich jedoch die Frage nach deren systematischer Verankerung in eben unterschiedlichen Auswertungsmethoden stellt. Die notwendige Offenheit des analytischen Vorgehens erfordert u.E. somit von den Forschenden ein breites Grundwissen über linguistische bzw. sprachlich-kommunikative Phänomene. Im Prinzip muss eine Vielzahl von Analyseansätzen integrativ verfolgt werden können, wenn der Text dies verlangt (vgl. Schlund 2000). Denn alle Analysemethoden implizieren jeweils für sich gesehen eine spezifische Perspektive auf den Text und strukturieren die textuellen Phänomene damit vor. Dies wird sich auch im Fall der rekonstruktiven Metaphernanalyse zeigen: Denn je nach Definition analysieren wir ganz verschieden ausgeprägte sprachliche bzw. kulturelle Phänomene, wenn wir mit ‚Metaphern' arbeiten (vgl. *Kapitel IV.7*). Der bzw. die Forschende ist gezwungen, den analytischen Werkzeugkasten ständig textuellen Phänomenen anzupassen bzw. das Instrumentarium zu erweitern: *Eine Vielzahl analytischer Werkzeuge in einem offenen Auswertungsprozess integrativ verfolgen zu können* – dies ist der Kerngedanke der nun vorzustellenden integrativen, texthermeneutischen Analysemethode. Sie stellt im Grunde genommen ein analytisches *Basisverfahren* dar (s.u.). Dessen Stärke liegt darin, dass es systematisch für verschiedene sprachlich-kommunikative Phänomene sensibilisiert – und dabei gleichzeitig analytische Offenheit gewährleistet. Der Kernpunkt ist, sich erst im Zuge des Auswertungsprozesses für spezifische Analyseperspektiven – wie zum Beispiel die Metaphernanalyse – zu entscheiden. Damit soll so lange und umfassend wie möglich die Autonomie des Textes gewahrt werden; zugleich werden zu frühe interpretatorische Schließungsprozesse vermieden. Das hier vorgestellte analytische Basisverfahren steht damit nicht in Konkurrenz zu anderen methodischen Verfahrensanleitungen – wie bspw. der Inhaltsanalyse (exemplarisch Mayring 2003) oder der Dokumentarischen Methode (exemplarisch Bohnsack 2000) – oder speziellen analytischen Techniken (z.B. der Gesprächsanalyse, exemplarisch Deppermann 2001) oder Forschungsprogrammen (z.B. der Diskursanalyse, exemplarisch Keller 2004). Es stellt vielmehr eine Basis für die offene Anwendung verschiedener analytischer Perspektiven dar.

Denn – um es hier nochmals zu rekapitulieren – grundsätzlich sind alle rekonstruktiven Analyseverfahren, die mit ‚Texten' im weitesten Sinne arbeiten, *hermeneu-*

tische[30] Verfahren. Dies ist der Grund dafür, dass jeder Interpretationsprozess einer methodischen Kontrolle unterzogen werden, d.h. einem ausweisbaren, regelgeleiteten Vorgehen folgen muss. Zudem müssen alle rekonstruktiven Analyseverfahren, die mit Texten arbeiten, die Auslegung kommunikativen Sinns zu ihrer Ausgangsbasis machen. Denn es stellen niemals die befragten Personen, der ‚Text' oder die ‚Inhalte' den Analysegegenstand dar. Es sind sprachlich-kommunikative Phänomene, die – wenn auch in unterschiedlicher analytischer Tiefe – beschrieben werden müssen, um Interpretationen ermöglichen zu können, die dicht am Text belegt und intersubjektiv nachvollziehbar ausgewiesen werden müssen. Damit muss der Verfahrenskern einer jeden hermeneutischen Analysemethode die mikrosprachliche Beschreibung sprachlich-kommunikativer Phänomene sein. Mit anderen Worten: Die analytische Grundlegung von Interpretationen kann immer nur kommunikativer Sinn sein, der sich in sprachlich-kommunikativen Phänomenen manifestiert und somit zuerst einmal rein deskriptiv analysiert werden muss. Dieser stark text- bzw. gesprächslinguistische Ansatz sichert die datenzentrierte Entwicklung von Interpretationen, denn ‚Sinn' darf, wie gesagt, nicht in den Text hineingelegt, sondern soll aus dem Text herausgearbeitet werden. Die mikrosprachliche Feinanalyse sichert auch, im Sinne des notwendigen Prozesses der Verlangsamung, möglichst lange an dem Text zu bleiben, um somit vorschnelle Deutungsimpulse zu kontrollieren (vgl. Kruse 2010, Oktober; Helfferich/ Kruse 2007; Helfferich 2005; Lucius-Hoene/Deppermann 2002).

Relevanz für die Analyse von Metaphern
Dies ist der Grund dafür, dass die rekonstruktive Analyse von Metaphern u.E. nicht als allein stehende Analysemethode verfolgt werden kann: Zwar sind Metaphern selbst ein sprachlich-kommunikatives Phänomen. Doch es ist nicht geklärt (grundsätzlich und konkret auf einen Text bezogen), ob und inwiefern sprachlich-kommunikative Phänomenalisierungen auf den Tatbestand der Metapher bzw. Metaphorik reduziert werden können. Um dies konkret an einem gegebenen Text zu klären, ist es u.E. zentral, dass ein rekonstruktives Analyseverfahren angewendet wird, das die Autonomie des Textes gewährleistet – und es erst im Analyseprozess selbst möglich macht, diese ganzen Aspekte zu klären. Der Text soll nicht durch eine einzige, vorab eingenommene Analyseperspektive, also durch externe Sinnvoraussetzungen, vorstrukturiert werden. Nichts anderes stellen Analyseverfahren im Prinzip dar. Hinzu kommt, dass es verlockend ist, bereits erlernte Verfahren unhinterfragt anzuwenden. Vereinfacht gesagt: Nur weil ich die Analysemethode „xy" beherrsche (oder schlichtweg in der Vergangenheit angewendet habe), darf ich nicht von vornherein nur mit meinem analytischen Steckenpferd an den Text herangehen. Denn in diesem Fall wäre es wieder diese Auswertungsmethode, die dem Text vorschreibt, wie er zu lesen ist. Konkret auf die Metaphernanalyse bezogen bedeutet dies:

---

[30] Der Begriff „Hermeneutik" ist mittlerweile eine Worthülse und Platzhalter für alle möglichen Sinnauslegungsprozesse geworden. Wir möchten klarstellen, dass, wenn wir den Begriff „Hermeneutik" verwenden, wir darunter allgemein den Prozess der Auslegung sprachlich-kommunikativ konstruierten sozialen Sinns verstehen.

> *Anstatt per se metaphorische Konzeptsysteme strukturleitend zu verfolgen, soll ein Analyseverfahren angewendet werden, das eine Stufe darunter ansetzt und die Interpreten und Interpretinnen in die Lage versetzt, sich für die sprachlich-kommunikativen Phänomene offen zu sensibilisieren, um Klärungen – und damit interpretatorische Schlüsse – erst am Ende zu vollziehen und nicht mit diesen einzusteigen.*

Die Aufmerksamkeitsebenen des analytischen Basisverfahrens
Das hier vorgestellte Analyseverfahren wurde in zahlreichen Forschungs- und Praxisprojekten entwickelt und verfeinert (vgl. exemplarisch Kruse 2010, Oktober; Kruse 2009a; Kruse 2009c; Helfferich/Kruse 2007; Helfferich/Klindworth/Kruse 2006). Seine Stärke ist die *methodische Sensibilisierung* für sprachlich-kommunikative Phänomene. Das Verfahren trägt deshalb die Bezeichnung *integratives, texthermeneutisches Analyseverfahren*. Im Vordergrund steht dabei neben der Analyse rein thematisch-inhaltlicher Informationen die deskriptive Analyse auf drei bzw. vier sprachlich-kommunikativen Ebenen. Diese fungieren als *Aufmerksamkeitsebenen* im Analyseprozess wie in der folgenden Übersicht dargestellt. Die offene und deskriptive Analyse auf diesen drei bzw. vier Aufmerksamkeitsebenen dient als Ausgangsbasis dafür, sich textgegenstandsbezogen für spezifische Analyserahmen zu entscheiden, wie zum Beispiel insbesondere für die Metaphernanalyse.

Die Analyse der Aufmerksamkeitsebenen basiert auf Regeln der Sprechakttheorie, der linguistischen Pragmatik, der kognitiven Linguistik und der Erzähltheorie (vgl. einführend Linke et al. 2001; Auer 1999; siehe auch Lakoff/Johnson 2003; Lucius-Hoene/Deppermann 2002).[31] Die sprachlichen Aufmerksamkeitsebenen stehen dabei augenscheinlich in einem direkten Zusammenhang mit den drei semiotischen Ebenen der Semantik, der Syntax/Syntaktik und der Pragmatik bzw. Interaktion (vgl. Linke et al. 2001; Watzlawick et al. 1995). Hier muss vorab angemerkt werden, dass im Rahmen der Aufmerksamkeitsebene der Semantik ein in linguistischer Hinsicht verkürzter Semantikbegriff – Semantik allgemein verstanden als die Lehre der Generierung von sprachlicher Bedeutung – verwendet und auf die Ebene der Lexik bzw. Wortwahlen fokussiert wird (Wortsemantik). Die Ebene der Pragmatik kann – allerdings unscharf – auch mit dem Terminus der ‚Interaktion' gefasst werden – als die Perspektive auf die Sprachverwendung im Kontext der Interaktion mit dem Zweck der Gestaltung einer Beziehung zwischen Sprecher/in und Hörer/in.

Auf der *Aufmerksamkeitsebene des Inhalts* steht die formale Analyse des thematisch-inhaltlichen Informationsgerüsts im Vordergrund, d.h. die Benennung der angesprochenen Thematiken, biografischen Statuspassagen, Ortsangaben, involvierten Personen, Ereignisse etc.

---

[31] Damit weist das hier vorgestellte Analyseverfahren eine starke Anlehnung an konversations- bzw. gesprächslinguistische Analyseverfahren auf und u.E. darüber hinaus gerade auch an diejenigen Verfahren mit einer ethnomethodologischen Ausrichtung (vgl. Bergmann 1988: Kurseinheit 1 und 3).

Auf der *Aufmerksamkeitsebene der Interaktion* – bzw. allgemeiner gesprochen der *Pragmatik*[32] – wird beschrieben, welche interaktionellen Phänomene sich zwischen dem/der Interviewer/in und der befragten Person zeigen. Diese Analyseebene ist für die qualitative Interviewforschung von zentraler Bedeutung. Denn Interviews bilden nicht Wirklichkeit ab (vgl. Kardorff 1995: 4ff.). In Interviews wird durch die Interaktion von Interviewer/in und Erzählperson Wirklichkeit koproduktiv erschaffen (vgl. Helfferich 2005). Genau in diesem Moment liegt der grundlegende Unterschied zwischen der hermeneutischen Herangehensweise der Analyse von Interviewtexten, welche textliche Dokumente bzw. Protokolle realer Gesprächen sind, und bspw. der Analyse von literarischen Texten. In der ersten Herangehensweise muss stets Gesprächs- bzw. Konversationsanalyse – also Gesprächshermeneutik – betrieben werden; letztere fokussiert auf eine Hermeneutik der Textanalyse. Die interaktive Gewachsenheit ist bei literarischen Texten in der Regel nicht gegeben, daher wird sie meist vernachlässigt. Diese Gewachsenheit muss daher den zentralen Angriffspunkt – und die zentrale Problematik – qualitativer Sozialforschung bilden. Erzählpersonen können ihre subjektiven Bedeutungskonstruktionen auch re-inszenieren, d.h. über Interaktionen auf einer Beziehungsebene szenisch darstellen. Auf dieser Aufmerksamkeitsebene steht nicht nur die Frage im Vordergrund, wie sich die Erzählperson gegenüber dem/der Interviewer/in anhand von Selbst- und Fremdpositionierungen in Beziehung setzt, sondern auch, wie eine Erzählperson andere narrative Figuren in Szene setzt, sich gegenüber diesen selbst- und fremdpositioniert, womit interaktiv ‚geronnene' Beziehungen definiert werden, die über Positioning-Analysen herausgearbeitet werden können (vgl. Lucius-Hoene/Deppermann 2002: 196ff.; Korobov 2001; siehe auch Hollway 1984; Harré/van Langenhove 1999).

> **Relevanz für die Analyse von Metaphern**
> Da Sprecher/innen meistens die Möglichkeit haben, innerhalb ihrer Versprachlichungen verschiedene metaphorische Konzeptsysteme zu wählen, ist es besonders interessant, wie Sprecher/innen in kommunikativen Interaktionszusammenhängen verschiedene Metaphoriken wählen und aus- bzw. verhandeln. Metaphorische Konzeptsysteme können niemals losgelöst vom sprachpragmatischen Kontext, sondern müssen stets vor dem Hintergrund dieses emergenten Versprachlichungsprozesses betrachtet werden.

Auf der *Aufmerksamkeitsebene der Syntax* bzw. *der Syntaktik* – allgemein gefasst als die Lehre vom Satzbau, der ‚Vertaktung' von Sprache – wird betrachtet, wel-

---

[32] In den früheren Ausführungen zu dem hier vorgestellten Basisanalyseverfahren (vgl. Kruse/Helfferich 2007) wurde aus Gründen der sprachlichen Vereinfachung nur der Begriff der Interaktion verwendet, der auch insofern brauchbar ist, da auf dieser Aufmerksamkeitsebene vor allem die Analyse der direkten Interview-Interaktion im Vordergrund steht. Aber eben nicht ausschließlich, weshalb nun wieder der etwas weniger direkt zugängliche, aber eben semiotisch bzw. gesprächslinguistisch treffendere Begriff der Pragmatik favorisiert wird.

che grammatikalischen Besonderheiten sich in der Rede der Erzählperson zeigen: Sprachlich-grammatikalische Besonderheiten werden dabei in Anlehnung an die kognitive Linguistik (vgl. Lakoff/Johnson 2003) als ein Ausdruck kognitiv-syntaktischer Strukturen verstanden. Syntaktische Analysen können verdeutlichen, wie subjektive Bedeutungskonstruktionen, mentale Modelle und Repräsentationen strukturiert sind. Denn auch diese weisen stets eine eigene ‚Grammatik' auf, die sich in gewählten Versprachlichungen symbolisch repräsentiert.

> **Relevanz für die Analyse von Metaphern**
> Auch für die Ebene der Syntaktik muss eine Verbindung zur Analyse von Metaphern verfolgt werden. Denn in Anlehnung an die kognitive Linguistik sind sowohl syntaktische als auch semantische – als die Hauptebene von Metaphorik (s.u.) – Selektionen im Versprachlichungsprozess Ausdruck kognitiver Figuren und damit subjektiver Relevanzsysteme. Wie interagieren aber diese syntaktischen und semantischen Selektionen? Sprich: Nach welchem ‚Takt' arbeiten Metaphoriken?

Auf der *Aufmerksamkeitsebene der (Wort-)Semantik* wird die Lexik – die (wort-)semantischen Wahlen, das Vokabular – der Erzählperson beschrieben. Wieder in Anlehnung an die kognitive Linguistik, insbesondere von George Lakoff und Mark Johnson (2003), wird analysiert, welche (wort-)semantischen bzw. eben metaphorischen Phänomene im Gespräch auftauchen. Die kognitive Linguistik hat eindrücklich gezeigt, dass mentale Repräsentationen und subjektive Bedeutungskonstruktionen nicht nur grammatikalisch, sondern vor allem *metaphorisch* strukturiert sind (s. hierzu ausführlicher *Kapitel IV*). Somit kann die Analyse der semantischen bzw. metaphorischen Wahlen der Erzählperson einen mehr oder weniger direkten Zugang zu deren Repräsentationen und Deutungsmustern verschaffen. Sie muss jedoch in den Zusammenhang weiterer syntaktischer und sprachpragmatischer Phänomene gesetzt werden (s.o.), da die Reduzierung auf metaphorische Phänomene eine deutliche Verkürzung darstellen würde.

> **Relevanz für die Analyse von Metaphern**
> Auch wenn metaphorische Phänomene wie bereits mehrfach betont nicht allein auf die Ebene der (Wort-)Semantik reduziert werden können, bildet diese jedoch in praktischer Hinsicht die Hauptebene des metaphernanalytischen Fokus. Wenn im *Kapitel IV* metapherntheoretische Grundlagen vorgestellt werden, so beziehen sich diese i.d.R. auf diese Aufmerksamkeitsebene.

Auf der *Aufmerksamkeitsebene der Erzählfiguren und der Gestalt* wird analysiert, ob sich wiederkehrende Figuren des Aufbaus der Rede bei der Erzählperson finden lassen, also Muster, wie sich die Erzählperson sprachlich darstellt. In einem gestalttheoretischen Sinne wird analysiert, welche sprachlich-kommunikativen ‚Bewegungen' oder ‚Tänze' die Erzählperson durchführt: Welche sprachlichen Strategien werden ge-

Abbildung 4 Die vier Aufmerksamkeitsebenen der integrativen, texthermeneutischen Analysemethode

Aufmerksamkeits-Ebenen	Aspekte	Beispiele
Interaktion bzw. allgemeiner: *Pragmatik*	Interview-Dynamik, inszenierte Rollenverteilung, Gestaltung der sozialen Beziehung im Interview (Positioning); Positionierung von narrativen Figuren	z.B. Wunsch, sich führen zu lassen; widersprüchliche und verwirrende Selbstpräsentation, Frage-Antwort-Verhalten und -stile, gemeinsam geteilte Erfahrungshintergründe, soziale Positionierungen gegenüber narrativen Figuren, also Personen, über die erzählt wird etc.
Syntax	Sprachlich-grammatikalische Besonderheiten, verstanden als Ausdruck kognitiver Strukturen	z.B. Verwendung von Pronomina, Negationen, Passivkonstruktionen, reflexiven Verbkonstruktionen, direkter Rede, erlebter Rede, Satzabbrüchen, Einschüben, Reformulierungen, Ordnungsgrad des Satzbaus, Pausen etc.
(Wort-)Semantik	Besonderheiten der Wortwahl, der Metaphorik, berührte oder ausgelassene semantische Felder und Bedeutungen	z.B. zusammengehörige semantische Felder oder einander entgegengesetzte Begriffe, Lexik, Metaphern, Metonymien, Allegorien, Idiomatik (Redewendungen), Versprachlichungsmodi (Fachsprache, Hochsprache, Alltagssprache) etc.
Erzählfiguren und Gestalt	In sich geschlossene, wiederkehrende Figuren des Aufbaus und der Organisation der Rede; Erzählfiguren, Performanz, Stilfiguren, Plots, die Architektur und Dynamik von Erzählpassagen, die Gesamtgestalt von Erzählungen etc.	z.B. „Vorzeigen und Verstecken", „um den heißen Brei herumreden", „Zoomtechnik", verschiedene Ordnungsgrade der Rede, Emotionalisierungen, Kognitivierungen, etc. Erzählen als Bewältigung, versch. Erzähldynamiken, etc. (→ vgl. hierzu auch die *Thematisierungsregeln* im Interview)

> Die Ebene der (Wort-)Semantik als Fokus der Metaphernanalyse

wählt, um eine spezifische Erzähldynamik oder Architektur der Rede zu entwickeln, die auch in einem leitmotivischen Zusammenhang stehen? Erzählfiguren basieren ebenfalls auf bestimmten semantischen und syntaktischen Wahlen. Die Analyseeinheit dieser Aufmerksamkeitsebene bilden jedoch weniger mikrosprachliche Sequenzen, sondern vielmehr der Aufbau von Absätzen, die Struktur von Passagen oder gar die Gestalt des gesamten Interviews. Somit stellen Erzählfiguren eine sehr wichtige und eigene Informationsebene im Analyseprozess dar.

Insgesamt kann Sprache – als der Akt der Versprachlichung – gestalttheoretisch gefasst und in folgenden Metaphern dargestellt werden: Einerseits handeln Sprecher/innen im Akt der Versprachlichung wie *Choreographen bzw. Choreographinnen* und entwerfen ein *Bühnenbild*, in dem sie Personen und Dinge dramatisch inszenieren und positionieren. Andererseits verhalten sich die Sprecher/innen im Akt der Versprachlichung selbst wie Tanzende: *Sprechen heißt Tanzen*. In beiden Fällen werden in gestalttheoretischer Hinsicht Gestalten und Figuren gebildet. Die rekonstruktive Analyse sprachlich-kommunikativer Phänomene hat somit die Aufgabe, diese Gestalten in der Versprachlichung – also in den sprachlich-kommunikativen Phänomenen des Textes – zu sehen und zu beschreiben. Metaphorische Konzeptsysteme bilden dabei ganz spezielle und bedeutsame Gestalten, die es herauszuarbeiten gilt. Die Metapher ‚Kommunizieren heißt Tanzen' eröffnet nochmals eine gemeinsame Perspektive auf pragmatische, syntaktische und semantische Aspekte sprachlich-kommunikativer Phänomene, die stets eine Vertaktung von Sprache sind, in der sich eben nicht nur die kognitiven Strukturen symbolischer Repräsentationen der Sprecher/innen verdeutlichen, sondern auch deren interaktive Erzeugung zwischen den Sprecher/innen. Denn ein Takt ist eine definierte (folglich menschliche) Strukturierung. Der Takt macht die sprachlich-kommunikativ konstruierte Wirklichkeit berechenbar, reduziert ihre Komplexität mit einer – von beiden Gesprächspartnern geteilten – Vorerwartung. Das führt dazu, dass nicht nur die Zukunft berechenbarer wird, sondern in den Interaktionssequenzen auch Alter. Denn Ego kann davon ausgehen, dass Alter den Takt (vor allem Syntax bzw. Grammatik) ebenfalls beherrscht. Diese Reduktion von Möglichkeiten ermöglicht es uns überhaupt erst, zu kommunizieren – und ermöglicht den Interpreten und Interpretinnen in der qualitativen Sozialforschung, jene sprachlich-konstruierte Wirklichkeit zu rekonstruieren.

Sensibilisierung für die versprachlichte Ordnung der Dinge in den Köpfen der Menschen
Die spezifische Stärke des vorgestellten Analyseverfahrens liegt in der methodischen Sensibilisierung für sprachlich-kommunikative Phänomene. Dieser Ansatz ergibt jedoch nur Sinn, wenn axiomatisch – insbesondere in Anlehnung an die kognitive Linguistik (s.o.) – davon ausgegangen wird, dass die sprachlichen Wahlen und Selektionen (im semantischen, syntaktischen und pragmatischen Sinne) der Sprecher/innen in der konkreten An- bzw. Verwendung von Sprache nicht zufällig oder beliebig sind, sondern für eine sinnhafte, symbolische Gestalt stehen. Der Zusammenhang

von ‚Sprache' und ‚Versprachlichung' – woran das Abstraktum ‚Inhalt' gekoppelt ist – wird u.E. in der empirischen Sozialwissenschaft gegenwärtig wenig reflektiert. Im Französischen z.B. wird dieser Zusammenhang allein an der Unterscheidung von „langue" und „parole" bzw. „langage" deutlicher. Nicht die Sprache (langue) an sich, sondern die konkrete Versprachlichung (parole, langage) bildet den unverrückbaren Zusammenhang mit dem Abstraktum ‚Inhalt': Inhalt stellt stets durch spezifische Modi der Versprachlichung generierte ‚Be-Deutung' dar (vgl. Deppermann/ Spranz-Fogasy 2002). Wenn man Aussagen über ‚Inhalte' anstellen möchte, müssen die Modi der Versprachlichung betrachtet und analysiert werden. Und hierbei nimmt die Fokussierung auf Metaphern immer wieder eine zentrale Bedeutung ein. Ward E. Goodenough (1957) hat in Anlehnung an die kognitive Linguistik in der *Kognitiven Anthropologie* ein sprachpragmatisches Konzept von Kultur entwickelt, in dem Kultur als eine semiotische bzw. semantische ‚Ordnung der Dinge in den Köpfen der Menschen' erscheint. Metaphern nehmen darin eine zentrale Aufgabe wahr, da sie diesen Ordnungen Ausdruck verleihen. Menschen zeigen sich diese Ordnungen in ihren Köpfen über ihre Sprachhandlungen ständig gegenseitig an, womit soziale Ordnungen hergestellt und reproduziert werden (siehe Goodenough 1957: 167; vgl. auch Psathas 1973: 265). Dadurch, dass nun diese ‚Ordnungen der Dinge in den Köpfen der Menschen' stets über Sprachhandlungen angezeigt werden[33], können über sprachpragmatische bzw. semantische Analysen diese semantischen und metaphorischen Ordnungen rekonstruiert werden.

Der Auswertungsprozess des analytischen Basisverfahrens in der Praxis
Die verfahrenstechnischen Aspekte der Auswertungsmethode bilden im Übrigen die üblichen Verfahrensmomente rekonstruktiver Analyse: also ein *sequentielles Vorgehen*, eine *Sinnhaftigkeitsunterstellung*, eine *suspensive Deutungshaltung*, strikte *Datenzentrierung* etc. (vgl. Lucius-Hoene/Deppermann 2002; siehe auch *Kapitel III.2*). Der Auswertungsprozess auf der Grundlage dieser integrativen, texthermeneutischen Analysemethode gestaltet sich im Kern wie folgt[34]:

Der Eingangspassage (in einem Interview) kommt bei der Analyse besondere Bedeutung zu. Es wird angenommen, dass bei offenen Interviews der Einstieg in eine – weitestgehend – freie oder gar narrative Versprachlichung von besonderer Bedeutung ist. Denn hier verdichten sich verschiedene Symbolgestalten sprachlich und

---

[33] Diese Annahme setzt allerdings eine Homologie der kognitiven Systeme und der Sprachhandlungen, in denen sich diese Ordnungen widerspiegeln, voraus, was nicht unproblematisch ist, da sowohl der kognitiven Linguistik als auch der kognitiven Anthropologie ein zu einfaches Repräsentationsmodell vorgeworfen werden kann (vgl. Psathas 1973: 265ff.; siehe auch Kruse 2010, Oktober: 165).
[34] Das Analyseverfahren kann allgemein auf alle Sorten von Textdokumenten angewendet werden (hierbei müssen allerdings jeweils die spezifischen Generierungskontexte beachtet werden), im Folgenden wird jedoch nur seine Anwendung auf Interviewtexte beschrieben, worin auch seine spezifische Stärke liegt.

dies oftmals in einer hochkomplexen Form.³⁵ Dies gilt jedoch nicht nur für die Einstiegspassagen, sondern auch für weitere mögliche Passagen im Interview, in denen sich verschiedene Motive (s.u.) symbolisch verdichten.

Allgemein gestaltet sich die Textauswertung in ihrem ersten Analysedurchgang *sequentiell*. Ein Textsegment – bestehend aus einer Zeile oder aus mehreren Zeilen, die einen Sinnabschnitt bilden – nach dem anderen wird auf allen Aufmerksamkeitsebenen analysiert. Es werden also alle Passagen sequentiell, d.h. für sich allein stehend, analysiert, um Interpretationen zu entwickeln, die zuerst nur wie lose Fäden in der Hand gehalten werden dürfen.³⁶ Dieses sequenzanalytische Vorgehen ist insofern wichtig, als Versprachlichung im Allgemeinen ein Linearisierungsprozess komplexer (wohl nicht linearer) Kognitionen ist. Die Art und Weise dieses Linearisierungsprozesses sagt dabei selbst über die ‚Ordnung der Dinge in den Köpfen der Menschen' (vgl. Goodenough 1957) etwas aus. Im Rahmen qualitativer Interviewforschung kommt im Besonderen hinzu, dass die zu analysierenden Daten Protokolle gesprochener Rede darstellen, und in mündlichen Gesprächen entwickelt sich sprachlich-kommunikativ konstruierter Sinn erst recht stets *emergent*, d.h. die Konstruktion sprachlichen Sinns vollzieht sich sukzessiv aus sich selbst heraus.³⁷ Insofern kann ein sequenzanalytisches Vorgehen genau diesen Entwicklungsprozess – der stets sinnhaft ist – verfolgen. In dieser sequentiellen Analysephase können auch erste metaphorische Konzeptsysteme festgehalten werden.

Jede Passage wird im weiteren Analysedurchgang mit den vorherigen Passagen abgeglichen. Es wird verfolgt, ob sich deskriptiv herausgearbeitete mikrosprachliche Phänomene verdichten und wiederholen. Es werden also systematisch Konsistenzen oder Brüche des vorher Gesagten – wiederum auf der Basis der Aufmerksamkeitsebenen – herausgearbeitet und gebündelt. Hierbei werden auch Gegenhorizonte für die Sequenzen entwickelt, d.h. es werden sowohl die unterschiedlichen Lesarten der Interpretierenden als auch die Äußerungen im Text mit anderen Antwortmöglichkei-

---

[35] Dies gilt jedoch nicht nur für offene, narrativ orientierte Interviews, sondern u.E. auch weitgehend für andere Interviewformen, wie z.B. das problemzentrierte Interview oder das Experteninterview. Dies liegt daran, dass die Einstiegssequenzen auch in diesen stärker strukturierten und sequenzierten Interviewvarianten zentrale Positionierungen enthalten: zum einen in Hinblick auf die übergeordneten Forschungsfragestellungen, zum anderen gegenüber den Interviewern und Interviewerinnen im Sinne von Beziehungsdefinitionen, die i.d.R. hoch aufschlussreich sind (vgl. Hildenbrand 2005: 15f.; Leber/Oevermann 1994: 388ff.).

[36] Dieser Analysedurchgang entspricht im Prinzip dem des offenen Codierens in der Grounded Theory nach Strauss/Corbin (1996). Er wird forschungspraktisch in der Regel individuell durchgeführt.

[37] Dies kann leicht verständlich gemacht werden: Die Einleitung zu einer schriftlichen Arbeit – z.B. einer Qualifizierungsschrift – schreiben Sie in der Regel am Ende des Arbeitsprozesses (fertig). Wenn Sie jemandem von dieser Arbeit (mündlich) berichten möchten, können Sie die Einleitung zu dieser Erzählung schlecht am Ende von ihr selbst sprechen.

ten verglichen.[38] Diese Kontrastierung mit anderen Antwortmöglichkeiten geschieht (a) auf der Grundlage einer textimmanenten komparativen Analyse oder (b) im Vergleich mit Antworten anderer Befragter sowie (c) durch die reflexive Dekonstruktion vermeintlicher Selbstverständlichkeiten im Bezugsrahmen sowohl der Befragten als auch der Analysierenden, womit die Anwendung des Prinzips der reflexiven theoretischen Sensibilisierung im Rahmen des Fremdverstehensprozesses gemeint ist.[39] Allerdings sollte auch dieser Schritt so weit wie möglich innerhalb des Relevanzsystems der Befragten verbleiben. Das Ziel ist die Rekonstruktion der subjektiven Deutungsmuster[40] bzw. eben der sozialen Repräsentationen[41] im Spiegel spezifischer (metaphorischer) Ordnungen von Befragten. Dies geschieht auf der Grundlage der sprachlich-kommunikativen Wahlen bzw. Selektionen beim Versprachlichen.

> **Relevanz für die Analyse von Metaphern**
> Jedes metaphernanalytische Verfahren folgt einer spezifischen Logik von Schrittfolgen. Wir werden im *Kapitel V.1* spezielle Analyseschritte für die Herausarbeitung der metaphorischen Konzeptsysteme vorstellen. Der erste Schritt besteht dabei in der schrittweisen (sequentiellen) Identifikation von Metaphern im Text.

Ein erstes Ziel der Analyse: Bündelung zentraler Motive
Das Ergebnis für jede Fall- bzw. thematisch bündelnde Rekonstruktion ist die Benennung von *zentralen Motiven* und von *Thematisierungsregeln*, die mit Textdeskriptionen auf allen Analyse- bzw. Aufmerksamkeitsebenen belegt werden: Erzählpersonen explizieren in Interviews zu bestimmten, ihnen gestellten Fragen und Erzählaufforderungen ihre subjektiven Deutungsmuster, ihre Sichtweisen auf ‚Welt' und ihre Wahrnehmung subjektiv plausibler Sinnhaftigkeit. Diese ‚subjektiven Konstruktionen' können u. E. anhand von zwei rekonstruktiven Heuristiken herausgearbeitet werden: anhand der *Thematisierungsregeln* und anhand der *zentralen Motive*.

Unter dem Begriff ‚(zentrales) Motiv' verstehen wir ein konsistentes Bündel verschiedener sprachlicher Selektionen (Wahlen), die sich durchgängig im gesamten Interview bzw. in dem jeweiligen qualitativen Datenmaterial zeigen. Unter dem Begriff ‚Motiv' darf jedoch nicht ausschließlich ‚Motiv' im psychologischen Sinne als Handlungsmotiv und ‚um zu'-Vorstellung verstanden werden. Unter ‚Motiv' werden viel-

---

[38] Dieser Analysedurchgang entspricht im Prinzip dem des axialen und später selektiven Codierens in der Grounded Theory nach Strauss/Corbin (1996). Er sollte forschungspraktisch in einer Analysegruppe durchgeführt werden.
[39] Dieses Verfahrensmoment ähnelt im Grunde genommen auch der Variationsanalyse bzw. der Kontextvariation in der Objektiven Hermeneutik (vgl. Wernet 2006).
[40] Nicht im strengen begrifflichen Sinne der Objektiven Hermeneutik, sondern allgemein verstanden als spezifische Modi und Konzepte, der Welt subjektiven Sinn zu geben.
[41] Im Sinne von metaphorischen, diskursiven und kollektiven Deutungsmustern (vgl. Keller 2004; Lakoff/Johnson 2003; Bohnsack 2000).

mehr wiederholt auftauchende sprachliche Bilder bzw. eben Metaphern, semantische Figuren, Argumentationsfiguren, thematische Äußerungen und Positionierungen aufgefasst, die im Zusammenhang mit den subjektiven Deutungen und Konzeptsystemen der befragten Person stehen. Dies entspricht eher der Verwendung des Begriffs ‚Motiv' im semantischen oder fotografischen Sinne als Bildmotiv bzw. im gestalttheoretischen Sinne als wiederkehrende symbolische Figur. Somit kann der Begriff des Motivs mit dem Begriff des Musters in einen engen Zusammenhang gestellt werden. Die rekonstruktive Analyse solcher Muster in dem vorgestellten Analyseverfahren folgt dabei im Grundsatz der Dokumentarischen Methode nach Karl Mannheim bzw. Harold Garfinkel (vgl. *Kapitel II.1* und *III.1*), die Ralf Bohnsack populär gemacht hat (exemplarisch Bohnsack 2000). Auch in der Dokumentarischen Methode geht es darum, Muster in sozialen Strukturen zu verfolgen:

> „Gemäß Karl Mannheim beinhaltet die Dokumentarische Methode die Suche nach ‚einem identischen, homologen Muster, das einer weit gestreuten Fülle total unterschiedlicher Sinnverwirklichungen zugrunde liegt'. Dies bedeutet die Behandlung einer Erscheinung als ‚das Dokument', als ‚Hinweis auf', als etwas, das anstelle und im Namen des vorausgesetzten, zugrunde liegenden Musters steht." (Garfinkel 1973: 199)

Als zentrale Motive gelten also sprachlich-kommunikative Bündel aufeinander verweisender und in der Erzählung bzw. im Interview wiederkehrender besonderer sprachlicher Selektionen, die das Interview (bzw. das jeweilige qualitative Datenmaterial) von anderen Interviews (qualitativen Datenmaterialien) bzw. Fallstrukturen unterscheiden oder gerade auch als analog ausweisen. Das Kriterium dafür, dass ein Bündel semantisch-syntaktischer (aber auch interaktiver bzw. pragmatischer) Selektionen (Versprachlichungen) als *zentrales Motiv* bezeichnet werden kann, ist insbesondere sein zentrales Auftreten in dichten Passagen (meist schon in der Eingangspassage des Interviews bzw. wieder des jeweiligen qualitativen Datenmaterials), aber auch seine wiederkehrende Präsenz in verschiedenen Passagen im Sinne einer *Konsistenz*. Diese Konsistenz eines zentralen Motivs bezieht sich darüber hinaus auch darauf, dass es auf mehreren sprachlichen Analyseebenen vorkommt. In dieser Hinsicht können zentrale Motive im Grunde genommen erst am Ende im Zusammenhang mit der bündelnden Analyse des Interviews bzw. des Textmaterials benannt werden, da im ersten Analysedurchlauf nicht festgelegt werden kann, welche benannten Motive sich am Ende auch noch als konsistente und als zentrale erweisen bzw. welche Motive wiederum ein Motivbündel bilden, das dann als abstrakte Oberkategorie das zentrale Motiv darstellt.

> **Relevanz für die Metaphernanalyse**
> Im Zusammenhang mit der rekonstruktiven Metaphernanalyse zielt die Herausarbeitung der zentralen Motive auf die Analyse der sprachlichen Selektionen spezifischer metaphorischer Konzeptsysteme ab, die sich konsistent durch das Textmaterial verfolgen lassen.

Diese stellen nach Lakoff und Johnson (2003) somit relevante Markierungen der – in Anlehnung an Goodenough (1957) – ‚sprachlichen Ordnung der Dinge in den Köpfen der Menschen' dar, sind also der spezifische Ausdruck ihrer alltäglichen Konzeptsysteme (vgl. Lakoff/Johnson 2003). Diese spezifischen Aspekte werden in den *Kapiteln IV* und *V* ausführlich behandelt. Des Weiteren kann die Metaphernanalyse – als einer unter vielen Zugängen im Rahmen des von uns vorgestellten Basisverfahrens – wertvolle Hinweise auf zentrale Motive geben bzw. bereits herausgearbeitete Motive in Frage stellen. Durch die analytische Annahme, dass wir ‚in Metaphern leben', rücken Metaphern in den Vordergund der menschlichen Konstruktion von Welt. Dies macht die Analyse von Metaphern zu einem wertvollen Diskussionsansatz bzw. einer wertvollen Herausforderung bereits ausgeführter Ansätze.

Ein weiteres Ziel der Analyse: Herausarbeitung von Thematisierungsregeln
Neben der Herausarbeitung zentraler Motive, die sich eher auf das ‚Was', also auf die semantische Bedeutung sprachlicher Selektionen, beziehen, steht im Analyseprozess auch die Beschreibung von *Thematisierungsregeln* im Mittelpunkt:

Unter ‚Thematisierungsregel' soll – im engeren Sinne – *erstens* verstanden werden, *was* die Erzählperson in Interviews *wie ausführlich* thematisiert. In diesem engen Verständnis stellen Thematisierungsregeln *soziale Kommunikationsregeln* dar, die sehr unterschiedlich sein können. Innerhalb der Thematisierungsregeln existieren i.d.R. auch *Thematisierungsgrenzen*: Diese sind für die Erzählperson die subjektiven Grenzen dessen, was sie ihrem/ihrer Interviewer/in nicht mehr erzählt. Dies kann unterschiedliche Gründe haben: z.B. milieubezogene, konventionelle Thematisierungstabus („Darüber spricht man nicht!"), persönliche Grenzen (z.B. Intimität) oder diskursive Grenzen (was nicht möglich ist, es auf eine bestimmte Art und Weise auszudrücken, da hier die herrschenden Diskurse keine kommunikativen Anschlussregeln und damit Versprachlichungsmöglichkeiten anbieten, bspw. die Problematik, brisante Themen politisch korrekt zu kommunizieren).

Zweitens bezieht sich – im weiteren Sinne – der Begriff der Thematisierungsregel darauf, *wie* die Erzählperson das thematisiert, was sie versprachlicht. Hierbei wird davon ausgegangen, dass die Erzählperson ganz unterschiedliche performatorische Möglichkeiten hat[42], ihre konkreten sprachlichen Selektionen zu gestalten. Diese Selektionen sind jedoch nicht willkürlich und zufällig, meistens aber vorbewusst. Sie folgen bestimmten Regeln und Relevanzen, die rekonstruiert werden können. Die Thematisierungsregeln sind dabei von den *Erzählfiguren* (eine der vier Aufmerksamkeitsebenen, s.o.) zu unterscheiden: Die Erzählfiguren sind ein spezifischer Bestandteil der Thematisierungsregeln, so wie die Thematisierungsregeln eben spezifische Erzählfiguren umfassen können, jedoch über sie im Einzelnen hinausgehen.

---

[42] Unter ‚Performanz' wird hier allgemein das faktische Sprachverhalten, also der Gebrauch der Sprache in konkreten Situationen in Hinblick auf ein bestimmtes Ziel, verstanden.

Relevanz für die Metaphernanalyse
In Hinblick auf die rekonstruktive Metaphernanalyse ist das heuristische Analysekonstrukt der Thematisierungsregel ebenfalls von großem Interesse: Denn es ist nicht nur interessant zu analysieren, welche metaphorischen Wahlen bzw. was für Konzeptsysteme konsistent in dem zu analysierenden Textmaterial vorliegen und wofür diese in einem dokumentarischen Sinne stehen (Ebene des ‚Was', vgl. Bohnsack et al. 2003; Bohnsack 2000). Die konsistente Selektion von spezifischen metaphorischen Konzeptsystemen – d.h. zunächst die konkreten semantischen Wahlen – müssen bereits selbst spezifischen (Thematisierungs-)Regeln folgen (Ebene des ‚Wie', vgl. ebd.). Diese sind kontextspezifisch einerseits in einem situativen, andererseits auch in einem übersituativen Sinne. Sie stehen in diesem Zusammenhang (in Anlehnung an Foucault) für spezifische *Ordnungen des Sagbaren*. Gerade in Bezug auf den letzten Punkt – der übersituativen Bedingtheit von semantischen Wahlen und kommunikativen Anschlussregeln – wird also ersichtlich, dass die Verfolgung von Thematisierungsregeln im Prinzip schon in den Bereich diskursanalytischer Verfahren fällt. Dies ist u.E. mit ein Grund dafür, weshalb in diskursanalytischen Verfahren die Metaphernanalyse einen zentralen Stellenwert einnimmt (vgl. Keller 2004).

Zur Bedeutung der Analysegruppe im Analyseprozess
In den vorausgegangenen Ausführungen ist bereits an einigen Stellen auf die Relevanz der Analysegruppe im rekonstruktiven Analyseprozess eingegangen worden, was hier nun systematischer begründet werden soll.

Für die Durchführung qualitativ-empirischer Forschungsprojekte im Allgemeinen und im Speziellen für die Analyse qualitativer Interviews bzw. anderer Textdokumente ist eine Analysegruppe eine „unverzichtbare Ressource" (Lucius-Hoene/Deppermann 2002: 322). Dies haben auch schon Strauss und Corbin verdeutlicht, wenn sie formulieren:

> „Die Schwierigkeit besteht darin, dass Forscher oftmals verfehlen, viel von dem Vorhandenen [in den qualitativen Daten; Anm. d. A.] zu sehen, weil sie mit Scheuklappen in analytische Sitzungen gehen, die aus Vorannahmen, Vorerfahrungen und ausgiebigem Literaturstudium bestehen. Sie werden natürlich sagen, ‚ich nicht!' Das Problem ist, dass Sie sich nicht immer bewusst sind, in welchem Maße solche Scheuklappen Ihre Interpretation von Ereignissen färben, *bis ein anderer Sie darauf hinweist.*" (Strauss/Corbin 1996: 56, Herv. d. A.)

Eine Analysegruppe bietet somit genau jene Möglichkeit, den Interpretationsprozess nicht insgesamt alleine durchzuführen, sondern zumindest punktuell die Analysen und abschließenden Interpretationen gemeinsam zu erarbeiten und sie somit über die ‚Triangulation' verschiedener subjektiver Perspektiven kollegial zu validieren und damit in entscheidender Weise auch eine Sensibilisierung für weitere sprachlich-kommunikative Phänomene zu fördern und den eigenen Blick zu erweitern (vgl. Kruse

2009a).⁴³ Denn das Problem jeder Analyse ist, dass man sich beim schlussfolgernden Denken nur sehr bedingt selbst beobachten und kontrollieren kann. Man ist vielmehr der Gefahr ausgesetzt, sich in selbstbestätigenden Leseheuristiken zu verlieren, die jedoch in einem gemeinsamen Analyseprozess aufgedeckt und refokussiert werden können. Lucius-Hoene und Deppermann (2002: 322f.) führen in diesem Zusammenhang zur Funktion und Arbeitsweise von Analysegruppen aus:

> „Jedes Gruppenmitglied trägt eine neue Perspektive an den Text. Es kann zusätzliche Überlegungen und Interpretationsmöglichkeiten durch sein Hintergrundwissen, seine speziellen Aufmerksamkeitsschwerpunkte, seine Assoziationen und seine kommunikative Erfahrung beisteuern. Die Notwendigkeit, eigene analytische Ideen am Text begründen und den anderen Gruppenmitgliedern verständlich machen zu müssen, zwingt zur Präzision und zur sprachlichen Ausformulierung des Gemeinten. Die Gruppenmitglieder fungieren als Prüfstand der Ideen. Hypothesen können in der Diskussion verworfen, bestätigt oder modifiziert werden. Einseitige Interpretationsvorlieben können korrigiert, Lesarten auf ihre Konsistenz durchdacht werden. Die Gruppe [...] fungiert als Supervision für die Interviewführung und den Forschungsstil."

In den Datensitzungen werden Textstellen entweder gemeinsam gelesen und gedeutet, oder Interpretationen werden individuell vorbereitet und es findet dann am Text ein Abgleich in der Gruppe statt. Das Ziel ist jeweils, eigene Lesarten mit den Lesarten der anderen Forscher/innen zu ‚konfrontieren'; in der Folge müssen neue Lesarten entwickelt bzw. einzelne Lesarten modifiziert werden. Für die kollegiale Validierung der Interpretationen im Analyseprozess sorgt gerade auch eine Interdisziplinarität des Analyseteams: So bringen Teammitglieder aus unterschiedlichen Disziplinen, fachlichen Bezügen oder Praxisfeldern ganz unterschiedliche Wirklichkeitsperspektiven mit; es kann sogar sinnvoll sein, die ‚Beforschten' bzw. Interviewten selbst für die Analysegruppe als Forschende zu gewinnen. Darin besteht die Chance einer gegenseitigen reflexiven Sensibilisierung in Bezug auf die Kontingenz sprachlich konstruierter Wirklichkeit, die zudem stets aus unterschiedlichen Perspektiven betrachtet werden kann. Diese stehen wiederum relativ selten in einer konkurrierenden Sinnzuschreibung zueinander, sondern stellen oftmals interessante Komplementaritäten dar.

Im Rahmen des Prinzips der Offenheit stellt die Analysegruppe also eine wichtige Ressource für die eigene Öffnung auf die Mannigfaltigkeit sprachlich-kommunikativer Phänomene und die Einsicht in die Kontingenz bzw. Vielfalt an möglichen Lesarten dar. Sie öffnet damit nicht nur den analytischen Blick, sie relativiert ihn. Aber sie schärft den Blick zugleich auch für eventuell noch nicht klar genug erkannte Muster in den komplexen sprachlichen Sinnstrukturen.

---

⁴³ Gerade mit der bewussten methodischen Integration dieser interaktiven qualitativen Validierungstechnik treten wir dem von Niedermair (2001: 158, 163) zurecht angesprochenen Problem der Nicht-Nachvollziehbarkeit in der Metaphernanalyse entgegen.

Neben dieser Öffnung hat die Analysegruppe noch eine weitere wichtige Funktion: Sie stellt eine Ressource für die Verlangsamung des Interpretationsprozesses dar. Die kollektive Datensitzung führt dazu, dass mit spontanen Deutungsimpulsen vorsichtiger und reflexiver umgegangen wird und dass man sich stärker darauf einlässt, sich von den Sinnstrukturen des Textes führen zu lassen – durch die kritische Frage der Kollegen und Kolleginnen gegenüber den eigenen Lesarten: „Wo steht das im Text?" In der Analysegruppe dürfen also Lesarten nicht ‚durchgewunken' werden, sie müssen diskutiert, abgewogen und modifiziert bzw. präzisiert werden. Dadurch verlangsamt und verdichtet sich der Analyseprozess. Von der Verlangsamung können Forschende jedoch nur profitieren, wenn der Analyseverlauf und die Analyseergebnisse dokumentiert werden. Es ist daher ratsam, bereits während der Analysesitzung Protokoll zu führen.

Diese beiden Gewinne (die Öffnung und die Verlangsamung), die immer wieder nur kollektiv errungen werden können, können u.E. sodann in die eigene, individualisierte Analysearbeit mitgenommen werden. Dadurch wird es nicht immer erforderlich, die gesamte Analysearbeit an den eigenen Daten in der Analysegruppe zu vollziehen, was oftmals allein forschungspraktisch gar nicht möglich ist. Die Analysegruppe muss im eigenen Analyseprozess aber immer wieder punktuell im Sinne einer ‚Consulting-Gruppe' herangezogen werden, um sich sozusagen immer wieder auf die Offenheit und die sprachlich-kommunikative Sensibilität gegenüber den eigenen textuellen Daten zu rekalibrieren.

> **Das grundlegende Ziel des integrativen Basisverfahrens – ein Fazit**
> Das Ziel des hier vorgestellten integrativen Basisverfahrens ist es, sich im rekonstruktiven Analyseprozess – im Sinne von Erdheims „gleich schwebender Aufmerksamkeit" (Erdheim 1988) – auf die Gesamtheit sprachlich-kommunikativer Phänomene einlassen zu können. Spezifische analytische Fokussierungen sollen nicht zu früh an den Text herangetragen werden: Der Phänomenalität und Autonomie der Texte soll so lange und umfassend wie möglich Rechnung getragen werden. Erst auf dieser Basis wird es möglich zu entscheiden, *welchen* sprachlich-kommunikativen Phänomenalisierungen in den konkreten Textsituationen gezielt nachgegangen werden sollte. Somit ermöglicht das analytische Basisverfahren die Einbettung verschiedener analytischer Perspektivierungen auf den Text: Es ist sozusagen der Ring für verschiedene Schlüssel, denn alle Texte haben verschiedene Türen. Um sie zu öffnen – und damit die sinnhaften Text-Gebäude möglichst vollständig zu erforschen – braucht man einen Schlüsselbund, d.h. einen ganzen Bund von Schlüsseln (= Analyseperspektiven, Analyseansätze). Einen Schlüssel, den wir als außerordentlich nützlich einschätzen, werden wir nun gezielt vorstellen: Die Metaphernanalyse.

IV Metapherntheoretische Grundlagen

In diesem Kapitel führen wir in die Metapherntheorie von Lakoff und Johnson (2003) ein. Wir stellen die Eigenschaften von Metaphern nach Lakoff und Johnson vor und gehen dabei auf die unterschiedlichen Metaphernarten ein, und wie sie unser alltägliches Denken – und damit unser Leben – strukturieren. In den darauf aufbauenden Schritten kontrastieren wir Lakoff und Johnsons Metaphernkonzept mit anderen Metapherntheorien und setzen uns kritisch mit Problematiken und Schwachstellen auseinander. Den Abschluss des Kapitels bildet eine reflexive Auseinandersetzung mit dem Forschen *in* Metaphern und Metaphern des Forschens.

IV.1 Leben in Metaphern

Im Sinne der Rhetorik entsteht eine Metapher, wenn ein Gegenstand im Lichte eines anderen Gegenstandes betrachtet wird (Bußmann 2008: 434). Die klassische Definition findet sich in Aristoteles' Poetik: „Die Metapher ist die Übertragung eines Wortes, das (eigentlich) der Name für etwas anderes ist, entweder von der Gattung auf die Art oder von der Art auf die Gattung oder von einer Art auf eine (andere) Art gemäß einer Analogie." (Aristoteles 2008: 29) Vereinfacht gesagt ist eine Metapher im klassischen Sinne ein Vergleich, bei dem das ‚wie' wegfällt (als Beispiel: „Deine Augen sind wie das Meer" – „deine Augen sind das Meer"). In der Rhetorik werden Metaphern den Tropen zugeordnet (vgl. Göttert/Jungen 2004: 145; Asmuth/Berg-Ehlers 1974: 122). Tropen sind Stilmittel, die den eigentlichen Ausdruck durch einen anderen, einen „uneigentlichen", ersetzen – und genau das geschieht im Fall der Metapher. Die klassische Rhetorik unterscheidet Tropen zum einen nach ihrer grammatischen Funktion, zum anderen nach dem Herkunfts- und Zielbereich der Bildgebung (vgl. Sowinski 1991: 133 ff.). Neben der Metapher werden u.a. die Metonymie, die Synekdoche, die Personifikation und die Antonomasie den Tropen zugeordnet (vgl. Göttert/Jungen 2004: 145).

> **Einige Tropen**
> **Metonymie**: Ersetzung eines Ausdrucks durch einen anderen Ausdruck, der zu ihm in einer realen Beziehung steht, aber eine andere Klassenebene bezeichnet. Beispiel: „einen *Becher* trinken" (das Gefäß steht für den Inhalt)

Synekdoche: Ein Teil des Ganzen wird anstelle des Ganzen gesetzt. Beispiel: „ihr sterbt durch die *Klinge*" (ein Teil des Schwertes steht für das ganze Schwert – und für die Person, die es führt)
Antonomasie: Ein Eigenname wird durch eine Umschreibung ersetzt. Beispiel: „die Tour der *Leiden*" (der Eigenname „Tour de France" wird durch eine Umschreibung ersetzt)
Vossianische Antonomasie: Eine Umschreibung wird durch einen Eigennamen ersetzt. Beispiel: „*sibirisches* Klima"
Personifikation: Abstrakten Begriffen, unbelebten Erscheinungen, Tieren und Pflanzen werden Eigenschaften oder Verhaltensweisen zugeordnet, die nur Personen zukommen. Beispiel: „die Biologie *sieht* diesen Unterschied nicht" (der Zielbereich ist nicht-menschlich, der Herkunftsbereich ist menschlich)

Die klassisch-rhetorische Definition der Metapher deckt jedoch nicht genau das ab, was Lakoff und Johnson unter Metaphern verstehen. Sie beziehen die Metonymie in ihre Überlegungen genauso mit ein wie die Antonomasie und die Synekdoche; sie fassen unter dem Begriff der Metapher alle sprachlichen Phänomene, in denen Bedeutung *übertragen* wird.[44] In Lakoff und Johnsons Metapherntheorie stehen *nicht die Stilfigur und ihre grammatikalische Funktion* im Vordergrund, sondern deren *Funktion für die Konstruktion von Realität*. Ausgehend von diesem Grundinteresse erweitern Lakoff und Johnson die Definition der Metapher: *Eine Metapher ist eine Gleichung plus eine Ungleichung* (vgl. Lakoff/Johnson 2003: 101; Buchholz 1996: 41; Buchholz/von Kleist 1995: 94). Lakoff und Johnson nehmen damit alle Stilfiguren der uneigentlichen (übertragenen) Rede in ihre Überlegungen auf.

Abbildung 5   Eine Metapher ist eine Gleichung plus einer Ungleichung[45]

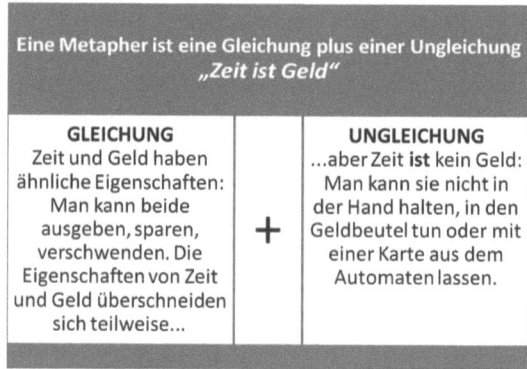

---

[44] „Metaphérein" ist griechisch und bedeutet (auf Deutsch) „anderswo hintragen". Die Metapher ist also selbst eine Metapher (vgl. Junge 2010: 274; vgl. auch Bussmann 2008: 434; Jäkel 1997: 116).
[45] Aufbauend auf Buchholz (1996) und Buchholz/von Kleist (1995).

Vor allem aber ist die Metapher für Lakoff und Johnson nicht lediglich ein Ornament, eine Ausnahmeerscheinung – sie ist der Normalfall, sie ist ein durch und durch alltagssprachliches Phänomen (vgl. Jäkel 1997: 21; 43; siehe auch *Kapitel II.3*).

Metaphern projizieren Eigenschaften eines Gegenstandes auf einen anderen Gegenstand. Dadurch transportieren sie Bedeutung von einem bekannten Zusammenhang zu einem unbekannten Zusammenhang – oder von einem abstrakten Konzept in ein weniger abstraktes Konzept. Sie konturieren und setzen künstliche Grenzen: Phänomene können wie Einzelgebilde beschrieben und infolgedessen als Einzelgebilde gedacht werden. So werden bspw. abstrakte Phänomene wie *Zeit, Leben* oder *Theorie* durch die Konturierung zu Trägern von Eigenschaften – Eigenschaften, die von anderen Vorgängen und Dingen stammen und die wir bereits kennen. In der Konsequenz ist eine wichtige, vielleicht die zentrale Funktion der Metapher die Veranschaulichung: Sie verringert *Kompliziertheit*. „Theorie" ist ein abstraktes, gedankliches Konzept, eine Kognition. Theorien kann man nicht sehen, anfassen oder riechen. Um aber über Theorien sprechen zu können, sprechen wir von Theorien u.a. so, als ob sie Gebäude wären: Denn Gebäude sind konturiert. Man kann sie aufbauen und betreten; jeder weiß, wie ein Gebäude aussieht. Wenn man sagt, eine Theorie ist ein Gebäude, kann mit der Theorie vieles getan werden, was mit einem Gebäude auch getan werden kann. Bucholz (2003: 8f.) formuliert hierzu:

„Metaphern sind [...] nicht nur ein Element der Sprache, sondern des Denkens, der Kognition – eines Denkens, das auf die Imagination nicht verzichten kann. Indem so die Vorstellungskraft rehabilitiert wird, erahnen wir neue Möglichkeiten, wie unsere konventionellen Trennungen zwischen dem Sozialen und Kommunikativen einerseits und dem bildhaft Psychischen andererseits überbrückt werden können; wir werden genötigt, auf eine ganz neue Weise über unsere konventionellen Schematisierungen nachzudenken. Die Metapher erzeugt einen mentalen Raum zwischen Logik und Phantasie, und dort spielen sich zentrale therapeutische Prozesse ab."

Beispiele: Theorien in der Metapher des Gebäudes
Ich habe mich in der Theorie nicht *zurechtgefunden*.
Diese Theorie ist schlecht *fundiert* – sie sollte empirisch *abgestützt* werden.
Diese Theorie ist schwer *zugänglich*.

Durch die Metapher wird etwas Abstraktes, Unbekanntes bzw. „Un-Fassbares", nicht „Be-Greifbares" (als Metaphern für die Prozesse der Erkenntnisgewinnung) übersetzt in konkrete, bekannte Zusammenhänge. Die Metapher eröffnet einen Horizont möglicher Operationen, die auch mit dem bildspendenden Gegenstand möglich sind: Ich kann eine Theorie *zerschmettern*, ich kann *abschätzen*, wie viel sie *abdeckt*, kann einzelne *Bausteine herausnehmen* und meine eigene Theorie damit *aufbauen*.

Auf der einen Seite erweitern Metaphern also die Möglichkeiten über Dinge in der Welt zu sprechen. Metaphern reduzieren aber auf der anderen Seite die Eigenschaften des Zielgegenstandes auf die Eigenschaften des bildgebenden Gegenstandes. Manche

Aspekte des Zielgegenstandes bleiben verborgen. So impliziert die Gebäudemetapher eine gewisse Starrheit, und sie verweist auf kulturell-historische Gewachsenheiten und Bedürfnisse: im Falle der Theorie bspw. auf ein Bedürfnis nach Sicherheit, Stabilität und Beständigkeit. Doch Theorien können sich, im Gegensatz zu Gebäuden, bspw. *vermischen* – dies wird in der Gebäudemetapher „übersehen".

Diesen Verdunkelungseffekt verdeutlichen Lakoff und Johnson (2003: 18–21) in Anlehnung an Michael Reddy (1979) mit der „Conduitmetapher". Reddy stellte in einer Untersuchung von Korrekturkommentaren in studentischen Aufsätzen fest, dass die meisten Ausdrücke des Sprechens über Sprache durch eine bestimmte Art von Metaphern strukturiert werden:

> **Beispiele:**
> Die Idee ist in diesem Absatz nicht *rübergekommen*.
> Das sind *leere* Worte.
> Deine Argumente sind nicht *ganz* bei mir *angekommen*.

Metaphern wie diesen liegt eine gemeinsame Vorstellung zugrunde: Man steckt etwas in ein Gefäß, schickt es woanders hin, und dort kommt es dann genauso an. Wir konzipieren „Sprechen" oder „Kommunizieren", indem wir uns Worte als Gefäße vorstellen; die Gefäße sind gefüllt mit Bedeutung oder Sinn. Sie können diesen Sinn verlustfrei transportieren, wenn wir sie losschicken. Wenn wir kommunizieren, *packen* wir also Ideen *in Worte* und verschicken sie (in einer Röhrenleitung) zum/zur Empfänger/in. Lakoff und Johnson kommentieren diese Metapher folgendermaßen:

> „[Es ist] viel schwieriger zu erkennen, dass durch die Metapher irgend etwas verborgen wird, oder zu sehen, dass es sich überhaupt um eine Metapher handelt. Dies entspricht dem konventionellen Denken über Sprache so sehr, dass man sich manchmal nur schwer vorzustellen vermag, sie könnte mit der Realität nicht übereinstimmen." (Lakoff/Johnson 2003: 19)

Die Problematik ist, dass diese ins Vorbewusste versunkene und so selbstverständlich gewordene Metapher wichtige Gesichtspunkte von Kommunikation verdeckt: Sie impliziert, dass Wörter und Sätze sprecher/innen- und kontextunabhängige Bedeutungen tragen würden und dass Bedeutung unabhängig von Kontext und Sprechern bzw. Sprecherinnen existiere (Lakoff/Johnson 2003: 19f.). Vor allem aber – und diesen Punkt übersehen Lakoff und Johnson – legt die Conduitmetapher eine sprecher/innenzentrierte Sicht auf Sprache nahe. Dieses metaphorische Alltagsverständnis prägt nicht nur unsere alltägliche, sondern auch die wissenschaftliche Sichtweise. Das Kommunikationsmodell von Shannon und Weaver ist bspw. wie die Gefäßmetapher aufgebaut (vgl. *Kapitel I.1.1*) – und so hat „diese westliche Sprachideologie in pointierter Form Eingang in die wissenschaftliche Behandlung des Themas ‚Kommunikation' gefunden" (Auer 1999: 17).

Weil Metaphern sowohl beleuchten als auch verbergen, strukturieren sie Sachverhalte nicht gänzlich, sondern immer nur teilweise. Der Fülle der Aspekte eines Phänomens entspricht daher – im Idealfall – eine Fülle von Metaphern. Bleiben wir bspw. bei Metaphern für „Sprache":

Beispiele:
Sprache ist ein Lebewesen:
Diese Sprache *stirbt aus*.
Fremdworte *infizieren* die Sprache.
Sprache ist ein Artefakt (bspw. ein Gebäude):
Diese Sprache ist kompliziert *aufgebaut*.
Unsere Sprache *bricht zusammen*.
Sprache ist eine (wertvolle) Substanz:
Mein Wort*schatz* ist nicht besonders groß.
Er hat hier zwei Sprachen *vermischt*.
Sprache ist ein Behälter (Gefäßmetapher; s.o.):
Das kann ich *in* dieser Sprache nicht ausdrücken.
Unsere Sprache *enthält* zu viele Lehnwörter.

Diese metaphorischen Konzepte beleuchten bestimmte Aspekte von *Sprache*. Sprache ist ein zentraler Aspekt unserer Existenz, sie ist vielen Menschen wertvoll, ähnlich wie ein Schatz. Es gibt Sprachen, die wir verstehen, und solche, die wir nicht verstehen. Die Gefäßmetapher konturiert dementsprechend ein Bedürfnis nach Abgrenzung, nach Inklusion und Exklusion: Es gibt ein Innen und ein Außen. Dabei verändern wir Sprache ständig, so wie wir Artefakte mit unseren Händen formen. Zugleich nehmen wir Sprache als etwas wahr, das bereits vor uns existiert hat und unabhängig von uns zu existieren scheint – ähnlich wie andere Lebewesen auf unserem Planeten. Doch: Man kann eine Sprache nicht ausschütten (sie *ist* kein Behälter bzw. ist nicht in einem Behälter), man kann sie weder in einer Weltraumkapsel in den Orbit schießen (denn sie *ist* kein Lebewesen) noch mit einem Hammer auf sie einschlagen (denn sie *ist* kein Artefakt) und man kann sie auch nicht wiegen (denn sie *ist* keine Substanz). Diese vielen Ungleichungen, die metaphorischen „Ungereimtheiten", werden abgefedert durch die Fülle und Diversität der Konzeptionalisierungen.

Die soziale Strukturierung von Realität durch Metaphern ist aber kein starres Nebeneinander von Konzepten. Metaphern bilden vielmehr ein Netz von ineinandergreifenden metaphorischen Strukturierungen (vgl. Lakoff/Johnson 2003: 53). Gebäude bspw. können auch als Behälter konzeptualisiert werden; Waren als Artefakte; Gebäude als Artefakte; Lebewesen als Behälter; Lebewesen als Schätze und so weiter. Grundsätzlich unterscheiden Lakoff und Johnson zwei Beziehungen zwischen Metaphern (Lakoff/Johnson 2003: 57):

Kohärenz und Konsistenz
Konsistent sind Metaphern, wenn sie das gleiche Bild hervorrufen.
Beispiel:
Metapher 1: *Die Sprache stirbt.*
Metapher 2: *Die Sprache lebt.*
Beide Metaphern beziehen sich auf das Bild der Sprache als Lebewesen.

Kohärent sind Metaphern hingegen, wenn die ihnen zugrunde liegenden Konzepte gemeinsame Ableitungen haben.
Beispiel:
Metapher 1: *Die Sprache erblüht in neuer Stärke.* (Sprache ist eine Pflanze)
Metapher 2: *Fremdworte vergewaltigen unsere Sprache.* (Sprache ist ein Lebewesen mit eigenem Willen)

Die Metaphern aus dem ersten Beispiel rufen ein konsistentes Bild hervor: Etwas, was lebt, kann auch sterben. Diese Konsistenz gilt nicht für die Metaphern im zweiten Beispiel: Pflanzen können nicht vergewaltigt werden – und Tiere oder Menschen blühen nicht. Doch durch die weitere Rekonstruktion der Bilder – Lakoff und Johnson nennen dies metaphorische Ableitung – zeigt sich, dass die Metaphern sich überschneiden: Auch in diesen beiden Fällen wird Sprache als Lebewesen konzeptualisiert. Auf Techniken und Strategien zur metaphorischen Ableitung werden wir in *Kapitel V* (*Unterkapitel „Schritt 3: Abstrahieren und Vervollständigen"*) näher eingehen. Zunächst aber möchten wir uns der Frage widmen, wie Metaphern unsere Erfahrung strukturieren.

IV.2 Die metaphorische Strukturierung der Erfahrung

Egal ob wir denken, kommunizieren, handeln: Wir verwenden auf vorbewusste Art und Weise Metaphern. Sie ‚schleichen sich auf leisen Sohlen' geradezu in unser Gehirn ein (vgl. Lakoff/Wehling 2008). Sie strukturieren unsere Erfahrung, sind in und mit dieser verwoben. Metaphern sind darum Ausdruck konzeptionsübergreifenden Denkens (Jäkel 1997: 22) und führen in der Konsequenz zu konzeptionsübergreifendem Handeln. Mit anderen Worten: Sie eröffnen bestimmte Handlungsdimensionen, indem sie bekannte Erfahrungen, Wissensbestände und Einstellungen des bildspendenden Bereichs auf unsere Handlungsziele übertragen. Hierzu nochmals ein Zitat von Lakoff und Johnson (2003: 11):

> „Unsere Konzepte strukturieren das, was wir wahrnehmen, wie wir uns in der Welt bewegen und wie wir uns auf andere Menschen beziehen. Folglich spielt unser Konzeptsystem bei der Definition unserer Alltagsrealitäten eine zentrale Rolle. Wenn, wie wir annehmen, unser Konzeptsystem zum größten Teil metaphorisch angelegt ist, dann ist unsere Art zu denken, unser Erleben und unser Alltagshandeln weitgehend eine Sache der Metapher."

Nach Lakoff und Johnson leben wir deshalb geradezu in Metaphern, da wir unsere Erfahrung mit Hilfe von Metaphern ordnen:

> „Wer auch immer denkt, *strukturiert* den *Kosmos* seines *Bedeutungsuniversums* durch Metaphern; er denkt *über* etwas nach, *schiebt* andere Gedanken *beiseite*, gibt seinen Ideen eine *Form* oder *hängt* sie an einem *Punkte auf* oder verwendet eine *Perspektive*. Manchmal *sehen* wir *klar* und *blicken durch*, dann aber *tappen* wir wieder *im Nebel*." (Buchholz 2003: 7, Herv. i. Org.)

Metaphern sind deshalb nicht gleich auf den ersten Blick zu identifizieren. Ihr selbstverständlicher Gebrauch führt dazu, dass wir uns ihrer immer wieder bewusst werden müssen, sie aus der Erfahrung heraus rekonstruieren müssen:

> „Die Metapher ist für die meisten Menschen ein Mittel der poetischen Imagination und der rhetorischen Geste – also dem Bereich der außergewöhnlichen und nicht der gewöhnlichen Sprache zuzuordnen. Überdies ist es typisch, dass die Metapher für ein rein sprachliches Phänomen gehalten wird – also eine Frage der Worte und nicht des Denkens oder Handelns ist. Aus diesem Grunde glauben die meisten Menschen, sehr gut ohne Metaphern auskommen zu können. Wir haben dagegen festgestellt, dass die Metapher unser Alltagsleben durchdringt, und zwar nicht nur unsere Sprache, sondern auch unser Denken und Handeln." (Lakoff/Johnson 2003: 11)

Die rekonstruktive Metaphernanalyse hat vor allem in der qualitativen Sozialforschung einen hohen Stellenwert, da – wie Lakoff und Johnson (2003: 11) pointiert haben – „unser alltägliches Konzeptsystem, nach dem wir sowohl denken als auch handeln, im Kern und grundsätzlich metaphorisch [ist]." Anders formuliert: Die metaphorische Strukturierung und die damit verbundene metaphorische Interpretation der Welt führen dazu, dass wir entsprechend der von uns verwendeten Metaphern handeln.

Lakoff und Johnson (2003: 99ff.) gehen davon aus, dass wir unser Handeln und Denken in *Gestalten* erfahren und es dementsprechend in Gestalten strukturieren. *Gestalten* definieren Lakoff und Johnson als „*vieldimensionale strukturierte Ganzheiten*" (a.a.O.: 98, Herv. i. Orig.). Sie sind Bündel von Eigenschaften, Schemata, Skripte, die wir wie ein Raster an unsere Erfahrung anlegen. Komplexe, im wahrsten Sinne des Wortes ‚ungreifbare' Phänomene wie *Sprache, Macht, Freude* oder *Leben* können wir „zu *strukturierten Ganzen* organisieren", da wir sie in Gestalten konzipieren (a.a.O.: 97, Herv. i. Orig.). Wir können also eine uns bekannte Gestalthaftigkeit einer Sache nutzen, um einer anderen Sache Gestalthaftigkeit zu verleihen. Struktur und Kausalität der bildspendenden Gestalt werden dabei mitübertragen, denn „[i]ndem man eine Metapher annimmt, akzeptiert man das mit ihr verbundene Bündel von Schlussregeln [...]" (Pielenz 1993: 108 zit. n. Spitzmüller 2005: 196). Eine *Gestalt* zeichnet sich dabei nach Lakoff und Johnson durch ein Zusammenspiel von sechs Strukturdimensionen aus: (1) Teilnehmer/innen, (2) Teile, (3) Phasen, (4) eine lineare

Abfolge, (5) Kausalität und (6) Absichten[46] (Lakoff/Johnson 2003: 93ff.). Nehmen wir wieder Metaphern für Sprache als Beispiel, um dies zu veranschaulichen:

Die metaphorische Konstruktion von Wirklichkeit: Der Anglizismendiskurs als Anschauungsbeispiel

> **Beispiele:**
> Anglizismen *infizieren* unsere Sprache.
> Die *Abkürzeritis* der Chatsprache ist zur *Epidemie* geworden; sie wird sich *weiter ausbreiten*, wenn wir keine *Gegenmaßnahmen ergreifen*.

In diesen Sätzen wird der Sprachwandel als Krankheit konzipiert. Betrachten wir zunächst die Strukturdimensionen. Das Konzept *Krankheit* enthält verschiedene *Teile* (Infektion, Inkubationszeit, Weitergabe, Mutation, Immunreaktion etc.) und *Akteure* (zwei Lebewesen: einen Menschen und Bakterien bspw.), die bestimmte *Absichten* verfolgen (Vermehrung der Bakterien vs. Erhaltung des Organismus). Krankheit zeichnet sich zudem durch verschiedene *Phasen* aus (Infektion, Verbreitung und Immunreaktion, Endzustand der Organismen), die in einer bestimmten *Reihenfolge* ablaufen. Hierbei wird eine *Kausalität* konstatiert: Infektion führt bspw. zur Immunreaktion – und nicht andersherum.

Welche Schlussregeln stecken in dieser Metapher? In unserer Kultur – und vor allem nach unserer eigenen, körperlichen Erfahrung – sind Krankheiten typischerweise etwas Unerwünschtes, sogar etwas Bedrohliches. Krankheiten kann man bekämpfen; man muss das sogar, da Leben bzw. Gesundheit als positive Werte gesetzt werden. Krankheitserreger sind bösartige, i.d.R. von Laien nicht erkennbare *Fremd*körper, sie werden also als fremde Entitäten konstruiert. Sie verfolgen auch vermeintlich eigene Absichten, sind subversiv: Sie schwächen den Wirtskörper oder töten ihn unter Umständen sogar. Die Krankheitsmetapher legt damit recht deutlich nahe, auf welche Seite wir uns schlagen (sollten). Wenn wir Anglizismen oder neue Sprachvarietäten als Krankheiten sehen, legen wir die Strukturdimensionen des bildspendenden Bereichs auf das Phänomen, das wir begreifen möchten: Wir erkennen Akteure bzw. Akteurinnen (Anglizismen oder Abkürzungen in Chats) und können in Analogie zur Krankheit auf Motive (sie wollen sich verbreiten) und Folgen (sie machen die Sprache schwach oder töten sie) schließen. Wenn sich jemand von neuen – fremden – Worten (*Fremd*wörtern) bedroht fühlt, ermöglicht diese Metapher, diese Bedrohung zu verstehen und zu kommunizieren. Wir können ein abstraktes Phänomen in Worte fassen. Doch nicht allein in Worte. Es sind ganze Konzeptbündel, die das Phänomen des Sprachwandels vorstrukturieren – in unserem Beispiel mit einem Antagonismus, mit Handlungsmöglichkeiten und Imperativen. Gerade das ist die grundlegende

---

[46] Lakoff und Johnson (1980a: 202; 1980b: 81) sprechen von „purpose".

Funktion der Metapher: Sie strukturiert unsere Erfahrung, indem sie sie in bekannte Zusammenhänge einbettet – und hierin liegt dann auch ihre Bedeutung im Prozess des *Fremd*verstehens (s. *Kapitel II.1*). Denn Metaphern sind ein eminent wichtiges Handwerkszeug, Fremdes zu verstehen und in das eigene Bekannte zu übersetzen.

Die in der Metapher angelegten Handlungsoptionen und -imperative beeinflussen im Endeffekt, wie wir denken, sprechen bzw. handeln. Allein ein Appell, dass die Sprache sterbe, ist eine soziale Handlung. Damit kann insbesondere auch die Schaffung von Institutionen und Regelungen durch die Metapher nicht nur motiviert, sondern gerade auch legitimiert werden: Wenn jemand krank ist, kümmert sich der/die Spezialist/in um den Patienten bzw. die Patientin. So können sich Spezialisten und Spezialistinnen für Sprache legitimieren, und es kann die Erschaffung autoritärer Institutionen gerechtfertigt werden. Vor allem aber können Gegner/innen identifiziert und bewertet werden: Wer bspw. Anglizismen verwendet, riskiert – in der Metapher gesprochen – die Gesundheit des Allgemeingutes Sprache. Die Metapher macht es einfach, andere Sprecher/innen zu typisieren, zu bewerten und zu kritisieren. Metaphern können damit bestimmte Handlungen rechtfertigen bzw. unhinterfragbar machen, wenn die sprachlichen Gestalten, die ihnen zugrunde liegen, normativ unhinterfragbar sind. Wenn Sprachwandel als Krankheit codiert wird, kann es riskant sein, sich offen gegen „Sprachpflege" auszusprechen: Jemand, der Krankheiten bewusst verbreitet, läuft Gefahr geächtet zu werden. Gleichzeitig werden Vorurteile aktualisiert und damit am Leben gehalten: Was von außen kommt, ist schlecht, potenziell gefährlich und muss unter Beobachtung gestellt werden. Ein Konzept wie dieses hält sich aktuell, indem es durch Metaphern immer wieder an neue Aspekte menschlicher Erfahrung angelegt wird.

Die Metaphernanalyse des Anglizismendiskurses – ein Forschungsbeispiel
In seiner Untersuchung des Anglizismusdiskurses der 90er Jahre zieht der Linguist Jürgen Spitzmüller u.a. Metaphern heran. Hierfür sammelte und analysierte er die bspw. in Leserbriefen, Zeitungsartikeln und Texten aus außerwissenschaftlicher metasprachlicher Literatur verwendeten Metaphern für Anglizismen und für Sprache im Allgemeinen (Spitzmüller 2005: 75). Spitzmüller zeigt, dass Handlungsmotivationen und Sprachsteuerungsstrategien im zeitgenössischen Anglizismendiskurs aus den jeweilig verwendeten Metaphern ableitbar, ja sogar von ihnen abhängig sind. Die Metaphern, die Spitzmüller herausarbeitet, zielen allesamt darauf ab, Sprache als Einheit zu identifizieren, die von anderen Einheiten abgegrenzt werden kann (oder muss). Mehr noch: Mit den Metaphern sind jeweils bestimmte Bedrohungsszenarien verbunden.

Metaphorische Konzepte von Sprache:
Sprache als Substanz – Verunreinigung durch Anglizismen
Sprache als Container – Eindringen von Anglizismen
Sprache als Organismus – Krankheit, Verderb, Tod durch Anglizismen
Sprache als Artefakt – Verfall, Fehlfunktion, Zerstörung durch Anglizismen

Spitzmüller vergleicht die Konzepte und zeigt, „dass sich der metasprachliche Diskurs auch kollektiv tradierter Bildwelten bedient, in denen menschliche Grundängste codiert sind" (Spitzmüller 2005: 250). Beispiele hierfür sind Fluten, Krankheiten, Invasion oder Tod. Die Verwendung von Anglizismen oder ‚Fremdwörtern' wird in einen bestimmten, allgemeinen Erfahrungszusammenhang gebracht und dadurch bewertet: „Mithilfe der Metaphern können die Diskursteilnehmer ihre Erfahrungen mit Sprache und Sprachwandel mit diskursiven Grunderfahrungen vergleichen und daraus Handlungsstrategien ableiten." (a.a.O.: 209) Die zu treffenden Maßnahmen zur „Rettung", „Heilung", „Rekonstruktion" oder „Reinigung" – und vor allem die Rechtfertigung deren Dringlichkeit – „sind dabei jeweils komplett in das Metaphernkonzept integriert" (a.a.O.: 210). Sprache ist ein allgegenwärtiges, hochkomplexes und infolgedessen schwer greifbares Phänomen. Metaphern sind somit eine unerlässliche Grundlage für das Verständnis von Sprache. Sie sind notwendig:

- um über Sprache überhaupt kommunizieren zu können,
- um Sprache zugleich als naturgegeben und als menschengemacht zu beschreiben,
- um unsere innere Verbundenheit mit ihr auszudrücken,
- um zu verstehen, warum sich manche Menschen besser verstehen und manche weniger gut.

Metaphern bilden Zugriffspunkte zu diesem Phänomen. Sie liefern uns Handlungsmöglichkeiten, sie implizieren bestimmte Kausalitäten, sie helfen uns, das Phänomen einzuordnen und zu bewerten. Wenn wir über Sprache streiten, streiten wir uns in Metaphern oder über Metaphern (vgl. a.a.O.: 214).

Zusammenfassung
Durch eine Metapher wird die innere Logik einer Gestalt auf einen Zielbereich übertragen. Unser Verständnis des Zielbereichs wird daher durch die Metapher vorstrukturiert: Handlungshorizonte und Handlungslegitimationen des bildspendenden Bereichs übertragen sich auf den bildempfangenden Bereich. *Infolgedessen überträgt die Metapher nicht nur ein Bild, sondern auch die mit einem bekannten Konzept verbundenen Handlungshorizonte und Werte.* Diese folgen dem bildspendenden Bereich und schaffen metaphorisch motivierte Realitäten. Gerade *weil* die metaphorische Struktur unserer Handlungen oftmals deckungsgleich mit der metaphorischen Struktur unserer Wahrnehmung ist, sind Metaphern schwer als solche zu erkennen. Metaphorisches Sprechen manifestiert sich schließlich in Handlungen und legitimiert sich dadurch rückwirkend: Wenn ich als Reaktion auf die Kriegsmetapher eine kriegsähnliche Handlung initiiere, dann ist der Krieg Realität geworden und verifiziert das metaphorische Konzept. Dies kann im Endeffekt zu blindem (wörtlichem und unhinterfragtem) Handeln gemäß der Metapher führen: In der Metaphorik des Nationalsozialismus wurden Juden u.a. als ‚Parasiten', als ‚Ungeziefer' konzeptionalisiert. Durch eine derartige metaphorisch konzeptualisierte Entmenschlichung konnte ihre

unmenschliche Behandlung gerechtfertigt werden. Die Konsequenz lag aber nicht nur in der Rechtfertigung und Absicherung einer hasserfüllten Ungleichbehandlung. Sie gipfelte in der wörtlichen Ausrottung von Menschen, die wie ‚Ungeziefer' gedacht, behandelt, umgebracht wurden – u.a. mit Zyklon B, einem Insektizid (vgl. Heringer 1982 nach Stukenbrock 2005: 435f.).

Wenn man also Metaphern in der qualitativen Sozialforschung analysieren will, muss man als Forscher/in die eigenen metaphorischen Konzepte hinterfragen: Sich aus dem Griff der eigenen Metaphern zu befreien und nach alternativen Metaphern Ausschau zu halten, sie in ein anderes Licht zu rücken ist eine sowohl erkenntnistheoretische Konsequenz des Problems des Fremdverstehens als auch eine praktische sprachlich-kommunikative Notwendigkeit.

IV.3 Metaphern als kulturelle Fußabdrücke

Metaphern sind menschengemacht – folglich variieren metaphorische Konzeptsysteme nach Kulturkreis, Zeitgeist, Diskurs und Individuum. Oder, wie Lakoff und Johnson es ausdrücken: „Die elementarsten Werte einer Kultur sind mit der metaphorischen Struktur der elementarsten Konzepte dieser Kultur kohärent." (Lakoff/ Johnson 2003: 31) Ein verbreitetes metaphorisches Konzept in der westlichen Kultur ist bspw. „Macht ausüben ist oben". Wer schwächer im Kampf ist, unterliegt. Wer überlegen ist, kann aufsteigen und Kontrolle über andere ausüben. Die Oben-Unten-Metaphorik ist uns so geläufig, dass sie uns nicht unbedingt als solche auffällt (vgl. a.a.O.: 39). Überdies ist diese Metaphorik ein eindrückliches Beispiel dafür, dass wir in Metaphern leben: Die „Chefetage" befindet sich meist in einem der oberen Stockwerke, selten im Keller; auf dem Siegertreppchen steht der/die erste ganz oben.

In anderen Kulturen kann „Macht" auch anders konzeptualisiert werden, bspw. über metaphorische Konzepte des Essens (Essensmetaphern): Jemand, der Macht hat, wird in Kamerun als jemand bezeichnet, der essen will (Wolf 1996: 220). Denn wer etwas zu essen besitzt, hat „die Macht, Leben zu kontrollieren oder auch zu zerstören" (a.a.O.: 220). Auch in unserer Sprache gibt es diese Metaphorik: „Wir waren *dick* im Geschäft, haben uns unsere Konkurrenz *einverleibt* – und waren immer noch nicht *satt*". Doch diese Metaphorik ist nicht zentral für unsere metaphorische Konzeptualisierung des Sozialen. Das zeigt sich schon daran, dass derartige Metaphern eher „figurativ", „übertragen" oder „bildlich" wirken – anders als Metaphern aus geläufigeren Bildbereichen. Bestimmte Metaphoriken werden verschieden häufig gewählt in der alltäglichen Versprachlichung. Und manche ihrer Aspekte können eine stärkere, manche eine schwächere Rolle für die Konzeptualisierung spielen. Stark konventionalisierte Konzepte nehmen wir weniger als Metaphern wahr (z.B. lexikalische Metaphern wie „ver-stehen", „be-greifen", „hinein-versetzen"), schwächer konventionalisierte, d.h. ungewöhnliche bzw. exotische Konzepte, erkennen wir hingegen leichter als Metaphern.[47]

Nehmen wir als Beispiel nochmals folgende Metapher: „Eine Theorie ist ein Gebäude". Eine Theorie empirisch *abzustützen*, ihr einen *neuen Anstrich* zu geben oder sie leichter *zugänglich* zu machen klingt vertraut, wenig metaphorisch. Doch wenn man davon spricht, *neue Fenster* in eine Theorie *einzubauen* oder das *Dachgeschoss einzureißen*, fällt die Metaphorik deutlicher auf.

Nicht nur abhängig vom Kulturkreis können sich Metaphern unterscheiden – auch bezüglich Zeitgeist, Subkultur (was hier nicht pejorativ konnotiert ist) oder von einzelnen Sprechern bzw. Sprecherinnen. Werfen wir nochmals einen Blick auf Metaphern für Sprache. Spitzmüllers (2005) Analyse illustriert, dass sich Konnotationen von Metaphern verändern, wenn sich die Konnotationen der bildspendenden Bereiche verändern. Die Konnotation des Begriffs „Reinheit" hat sich vor allem im Laufe des 20. Jahrhunderts deutlich gewandelt: Während Reinheit in der christlichen Terminologie die höchste Qualitätsstufe darstellt, wird im Zuge der Moderne bzw. des medizinischen Fortschritts „Reinheit" auch mit Sterilität verbunden. Die lexikalische Metapher „Reinheit" bekam also eine neue Konnotation: Aus dem moralisch-ethischen Qualitätskonzept wurde ein Hygiene-Konzept. In diesem Zusammenhang wurde der Begriff „Reinheit" dann vor allem „durch die nationalsozialistische Rassenideologie und Euthanasie extrem belastet" (Spitzmüller 2005: 240 mit Verweis auf Härle 1996), durch die das neu konnotierte Reinheitskonzept als „Rassen-Hygiene" pervertiert wurde.

Ähnliches lässt sich im Fall der Organismusmetapher für Sprache beobachten. Spitzmüller (2005) unterscheidet zwischen einem naturbotanischen und einem kulturbotanischen Konzept: In der kulturbotanischen Metapher wird Sprache „mit einem Garten gleichgesetzt, sie ist also teils Naturprodukt, teils Artefakt". Sprachwandel ist in diesem Bild ein natürlicher, aber ungelenker Prozess. Sprachkritiker/innen sind Gärtner/innen; der/die Gärtner/in stutzt wuchernde Zweige, gebietet dem Wildwuchs Einhalt. Er/sie ist es, der/die „zu natürliches Wachstum [...] anzeigt und aufhält" (a.a.O.: 224). Dem steht ein naturbotanisches Konzept gegenüber, in dem Sprachwandel eine Art Umweltverschmutzung ist, ein menschlicher Eingriff durch Kahlschlag, Verschmutzung und Vergiften. Der allgemeine – und breit geführte – Diskurs um Naturschutz ist recht jung. Natur ist in diesem Kontext nicht mehr eine zu bändigende Naturgewalt, sondern Opfer menschlicher Unachtsamkeit. Das Konzept von Natur erweiterte sich also in den letzten Jahrzehnten um eine Facette. So ist es nicht verwunderlich, dass sich auch die Organismusmetapher in Analogie dazu um eine Facette erweiterte: Sprachschutz wird Naturschutz. Die Metapher dockt sich an die Erklärungskraft und Präsenz des Diskurses an, und sie verändert sich mit ihm. Hier wird deutlich, dass metaphorische Konzepte nicht nur verschiedene Diskurse *verbin-*

---

[47] Dieser Umstand wird zu einer besonderen Herausforderung beim Auffinden von Metaphern für die Analyse.

den, sondern mit diesen regelrecht *rückgekoppelt* sind: „Mithilfe der Metaphorik wird Sprache [gemeint ist in diesem Fall das Phänomen „Sprache", welches Spitzmüller betrachtet; Anm. d. A.] nicht nur konkretisiert, sie wird in diskursive Grunderfahrungen eingebettet." (Spitzmüller 2005: 251) Oder, wie es der Linguist Harald Weinrich ausdrückt: „Das Abendland ist eine Bildfeldgemeinschaft" (Weinrich 1976: 287). Die Metapher kann in diesem Sinne als eine Art *kultureller Herzschlag* gesehen werden – und damit als wichtige Hinweisgeberin für rekonstruktive Analysen.

Um es zusammenzufassen: Die Struktur der metaphorischen Konzeptualisierungen kann variieren; sie ist kontingent, sie könnte stets auch anders sein – und in der Folge verändert sie sich ständig. Metaphoriken sagen also nicht nur etwas über die Dinge aus. Umgekehrt zeigen sie auch an, welche Konzepte wir für erklärungskräftig halten: bspw. die Krankheitsmetapher oder neuerdings die Umweltschutzmetapher. Auf der sprachlichen Mikroebene verknüpfen metaphorische Konzepte einen bildspendenden mit einem bildempfangenden Bereich. Betrachtet man diesen Prozess auf der Makroebene, zeigt sich: *Metaphern vernetzen Diskurse.* Den Krankheitsdiskurs mit dem Sprachdiskurs, den Katastrophendiskurs mit dem Immigrationsdiskurs, den Bildungsdiskurs mit dem Wirtschaftsdiskurs etc.

Welche Konsequenzen hat das für eine rekonstruktive Analyse sozialer Phänomene, sozialen Sinns, der sprachlich-kommunikativ konstruiert wird? Und welche Möglichkeiten – aber auch Grenzen – hat innerhalb dessen die rekonstruktive Analyse von Metaphern?

IV.4 Möglichkeiten und Grenzen rekonstruktiver Metaphernanalyse

„Unser alltägliches Konzeptsystem, nachdem wir sowohl denken als auch handeln, ist im Kern und grundsätzlich metaphorisch." (Lakoff/Johnson 2003: 11) Dieser gewichtige und viel zitierte Kernsatz ist die Grundlage der rekonstruktiven Metaphernanalyse, wie wir sie in diesem Band verfolgen. Lakoff und Johnson gehen davon aus, dass unser Konzeptsystem eine zentrale Rolle in der Wahrnehmung der (Alltags-)Realität spielt (a.a.O.).[48] Was bedeutet es für die rekonstruktive Analyse, wenn wir „gemäß der Weise, wie wir uns Dinge vorstellen" (a.a.O.: 14) handeln? Nimmt man Lakoff und Johnsons Grundannahme an, dann können wir ausgehend von der Analyse der gewählten Metaphern Rückschlüsse auf die metaphorischen Konzeptsysteme und damit auf die Relevanz- und Sinnkonzepte der Sprechenden ziehen. Wenn Metaphern Wahrnehmung, Handeln und Denken sowohl lenken als auch strukturieren, ermög-

---

[48] Einen ähnlichen Grundgedanken finden wir im Übrigen in verschiedenen Theorien der Generierung des Sozialen. So z.B. bei Ward E. Goodenough in seiner kognitiven Anthropologie (Goodenough 1957; vgl. *Kapitel II.1, III.1* und *III.3*) oder auch bei Bourdieu mit seinem Habituskonzept (z.B. Bourdieu 1997a) als ein Set an spezifischen Dispositionen der Wahrnehmung, des Denkens, des Fühlens, des Urteilens und Handelns (vgl. *Kapitel II.3*).

licht die Metaphernanalyse die Rekonstruktion dieser konventionalisierten oder auch idiosynkratischen Sinnstrukturen (vgl. a.a.O.: 11 ff.).

Die Analyse von Metaphern kann zeigen, welche Konzeptbündel zentral für das Verständnis und die Interpretation der Welt sind – und wie sie miteinander zu einer stimmigen Version von Welt verbunden werden. Mit der rekonstruktiven Metaphernanalyse kann untersucht werden, welche Einstellungen, welche Grundannahmen, welcher „Geist" die Wahrnehmung und Kommunikation einer Sache bestimmen: Es kann herausgearbeitet werden, welche Konzeptualisierungen (und Konsequenzen) als selbstverständlich wahrgenommen werden. Von Vorteil für die Forschenden ist dabei, *dass wir uns oftmals nicht darüber bewusst sind, dass wir Metaphern benutzen*. Dies heißt aber nicht – und dies muss hier ausdrücklich hervorgehoben werden –, dass Metaphern zufällig, beliebig und willkürlich gewählt werden. Sie werden entsprechend kultureller Konventionen und individueller Sichtweisen verwendet bzw. ausgewählt und modifiziert.[49] Dies wiederum entspricht wichtigen Grundgedanken der kognitiven Linguistik und des Konstruktivismus: Die Selektion sprachlicher Realisierungen ist symbolisch strukturiert, Zeichen verweisen nicht auf objektive Wahrheiten, sondern auf (inter-)subjektive Regeln und Relevanzen – die wiederum auf die Relevanzkonzepte der Befragten selbst verweisen. Die Metaphernanalyse eröffnet damit eine Möglichkeit, vorbewusste Einstellungen oder hintergründige Vorstellungshorizonte herauszuarbeiten. Sie kann zeigen, wie „verschiedene Assoziationen aufeinander bezogen werden und sich gegenseitig erklären, beeinflussen und verändern" (Ebeling 2003: 67).

Doch nicht nur für die Rekonstruktion individueller Wirklichkeiten bietet sie sich an: Wenn Metaphern verschiedene Diskurse vernetzen und gegenseitig verifizieren, wird die Metaphernanalyse auch zu einem wichtigen Instrument für die Diskursanalyse (vgl. Keller 2004).

IV.5 Metaphernarten nach Lakoff und Johnson

Nachdem wir Lakoff und Johnsons Metaphernkonzept umrissen haben, möchten wir in diesem Kapitel die verschiedenen Metaphernarten nach Lakoff und Johnson vorstellen bzw. erläutern, welche sprachlichen Phänomene die Autoren in die Metaphernanalyse mit einbeziehen.

Strukturmetaphern
Strukturmetaphern sind nach Lakoff und Johnson (2003: 22) „Fälle, in denen ein Konzept von einem anderen Konzept her metaphorisch strukturiert wird". Ein Beispiel für eine solche Strukturmetapher ist: „Denglisch ist ein Krebsgeschwür." Das

---

[49] Vgl. Buchholz/von Kleist (1995: 95): „[J]ede konzeptuelle Metapher ist das Zentrum einer subjektiven Welt oder ein Teilaspekt davon."

Konzept „Sprache" wird durch das Konzept „Krankheit" strukturiert. Auf Strukturmetaphern gehen wir an dieser Stelle nicht weiter ein, da ihre Funktion und Eigenheiten den vorangegangenen Kapiteln entnommen werden können.

Orientierungsmetaphern
Vor allem sehr grundlegende Konzepte „werden nach einer oder mehreren Metaphern der räumlichen Orientierung organisiert" (Lakoff/Johnson 2003: 26). Ihre Grundlage haben diese Metaphern laut Lakoff und Johnson in der Grunderfahrung des Menschen, die räumlich und zeitlich strukturiert ist.[50]

Zwei Beispiele hierzu: „Gesundheit" ist nach Lakoff und Johnson oben, weil sich ein kranker Mensch hinlegen muss – und ein toter Mensch nicht aufstehen kann. In Analogie zum positiven Wert der Gesundheit wird Glück durch räumliche Orientierung repräsentiert: „Liebe" ist oben, wenn wir beispielsweise sagen, dass wir uns *beflügelt* fühlen. Und auch „Mehr" ist oben, weil der Messstand in einem Gefäß steigt, je mehr Substanz sich in ihm befindet (vgl. a.a.O.: 23f.). Gerade die Orientierungsmetaphern können uns manchmal als schwer hintergehbar erscheinen – und damit selbstverständlich und in der Folge wenig metaphorisch: „In manchen Fällen ist die Raumorientierung ein so wesentlicher Teil eines Konzepts, dass man sich nur schwer eine andere Metapher vorstellen kann, die das Konzept strukturiert." (a.a.O.: 27)

Im Fall der Orientierungsmetaphern wird „ein ganzes System von Konzepten in ihrer wechselseitigen Bezogenheit organisiert" (a.a.O.: 22). Was bedeutet das? „Glücklichsein" wird wie die Liebe als „oben" konzipiert: Wer traurig bzw. betrübt ist, ist *niedergeschlagen*. Wenn ich mich schlechter fühle, *sinkt* meine Stimmung. Es besteht in diesen Metaphoriken eine innere konzeptionelle Systematik: Je weiter oben, desto besser (vgl. a.a.O.: 26). Doch – vielleicht wichtiger noch: Es besteht auch eine äußere Systematik zwischen verschiedenen Orientierungsmetaphern. Die Konzepte sind kohärent mit anderen Konzepten. Es besteht ein Netz gegenseitiger Zuweisungen: „Siegen ist oben" – ein/e Sieger/in ist *überlegen*. Auch „Gut" und „Böse" werden so konzeptualisiert. Jemand kann *niedere Beweggründe* haben oder bestimmte Werte *hochhalten*. „Kontrolle" ist oben – eine Stadt *versinkt im* Chaos; man übt Kontrolle *über* etwas aus. Die Konzepte sind kohärent, und sie ergeben gleichsam eine Topographie kultureller Grundeinstellungen: „Chaos" ist schlecht; „Siegen" bedeutet „kontrollieren"; „Glücklichsein" ist „Gutsein". Hierzu ein weiteres Beispiel von Lakoff und Johnson:

> „In unserer Kultur betrachtet sich der Mensch als ein Wesen, das Tiere, Pflanzen und die physische Umgebung unter seiner Kontrolle hat; und seine einzigartige Fähigkeit zu reflektieren stellt den Menschen über das Tier und verleiht ihm diese Kontrolle. Die Metapher

---

[50] Dies zeigt sich auch an der eminenten Bedeutung von Deiktika – Zeigewörter (vgl. *Kapitel III.1*) – in der menschlichen Sprache: hier, da, dort, diese, jene, oben, unten (räumlich); gestern, vorhin, zuvor, später (temporal). Mit diesen Deiktika wird die Organisation sozialen Sinns in Raum und Zeit angezeigt.

Kontrolle ist oben gibt folglich eine Grundlage für die Metapher *der Mensch ist oben* und somit für die Metapher *Verstand ist oben*." (Lakoff/Johnson 2003: 26, Herv. i. Orig.)

Ontologische Metaphern
Lakoff und Johnson unterscheiden zwei Arten der ontologischen Metaphern: Die *Metaphern der Entität und Materie* sowie die *Gefäßmetaphern*:

> „Wir nutzen ontologische Metaphern, um Ereignisse, Handlungen, Tätigkeiten und Zustände verstehen zu können. Ereignisse und Handlungen werden metaphorisch als Objekte konzeptualisiert, Tätigkeiten als Substanzen und Zustände als Gefäße." (Lakoff/Johnson 2003: 41)

Metaphern der Entität und Materie verleihen dem Zielbereich Eigenschaften eines materiellen bildspendenden Bereichs. Sie entstehen, wenn das Bildempfangende als Materie oder generell als etwas „Seiendes" (daher ontologische Metapher; Ontologie = die Lehre des Seins) gedacht und behandelt werden kann. Das „Theoriegebäude" ist nach Lakoff und Johnson eine Metapher der Entität und Materie. Die Metapher zieht klare Grenzen um das Phänomen und macht es dadurch in gewisser Weise analog *behandelbar*: „Wenn wir unsere Erfahrungen von Objekten und Materien her verstehen, können wir [...] diese behandeln wie separate Entitäten oder Materialien gleicher Art." (a.a.O.: 35) Ein abstraktes Phänomen kann so im Lichte eines weniger abstrakten Phänomens gesehen und damit verstanden werden. Durch die Materialisierung eröffnen sich metaphorisch motivierte Handlungsdimensionen.

Nehmen wir wieder das Beispiel „Sprache". Indem wir dieses abstrakte Phänomen wie ein *physisches Objekt* sehen, können wir:

- darauf Bezug nehmen (*Das* ist eine komplizierte Sprache),
- es quantifizieren (Sie kennt *viele* Sprachen; das ist eine *weit verbreitete* Sprache),
- Aspekte identifizieren (Die Internetsprache verbreitet sich immer *schneller*),
- Ursachen identifizieren (Das Englische *übt Druck auf* das Deutsche aus),
- Ziele setzen/motivieren (Sie wollte den Dialekt *ablegen*).

Auch hier bemerken Lakoff und Johnson (2003: 39), dass uns viele ontologische Metaphern gar nicht als Metaphern auffallen, weil sie so selbstverständlich sind und ständig verwendet werden.

Eine zweite Form – oder genauer gesagt: eine Konsequenz – der ontologischen Metapher ist die *Gefäßmetapher*. Ihr liegt zugrunde, dass wir Gegenständen, die durch eine Oberfläche begrenzt sind, ein „Innen" und „Außen" zuschreiben. (a.a.O.: 39). Man kann *in* ein Zimmer gehen, weil es ein Gefäß ist. Das erscheint noch einsichtig und selbstverständlich. Man ist aber auch *in* einer Beziehung. Oder man gerät *in* Schwierigkeiten.

Wenn wir nun z.B. Sprache metaphorisch zum Objekt machen, dann können wir diese Innen-Außen-Orientierung auch auf dieses Phänomen anwenden. Man kann etwas *in* einer Sprache ausdrücken; nonverbale Kommunikation wird auch als „*außer*sprachlich" bezeichnet. Es zeigt sich wiederum, wie sehr die Metaphorik unsere Grundannahmen bezüglich bestimmter Phänomene bestimmt: Unser Konzept von Einzelsprachen oder die Annahme, dass es „Fremdwörter" gebe (also Wörter, die eigentlich aus einem anderen Gefäß stammen), beruhen darauf, dass wir Sprache – ein abstraktes, unkörperliches Phänomen – als physischen Körper sehen.

Personifikation
Personifikationen sind „Verlängerungen" ontologischer Metaphern, durch die wir Phänomene „der Welt mit menschlichen Kategorien deuten können" (a.a.O.: 45). Durch den Rückbezug auf menschliche Kategorien können abstrakte Konzepte besser verstanden werden; durch die Personifikation können aber auch effektiv Emotionen mit dem Zielbereich verknüpft werden: Wenn wir etwa davon sprechen, dass die Sprache *vergewaltigt* würde oder sie im *Sterben* liege. Bekannte Personifikationen sind Anthropomorphisierungen von Gegenständen – beispielsweise wenn „dieser dumme Computer nie das macht, was er soll", „er uns ärgert und zur Weißglut bringt".

Metonymie
Im Gegensatz zur Metapher wird im Fall der Metonymie eine Entität dazu genutzt, um für eine andere Entität zu stehen. Lakoff und Johnson (2003: 47) sprechen hier von einer *Beziehungsfunktion* anstelle einer *Übertragungsfunktion* wie bei der Metapher. Die Metonymie ist also genau gesehen keine Metapher. Doch wie die Metapher fokussiert sie auf bestimmte Aspekte und blendet andere Aspekte aus. Auch metonymische Konzepte „sind Bestandteil unseres normalen, alltäglichen Denkens, Handelns und Sprechens" (a.a.O.: 48), und werden daher von Lakoff und Johnson mit in die Analyse aufgenommen. Metonymien resultieren aus der sprachpragmatischen Notwendigkeit, komplexe sprachliche Beziehungsstrukturen vereinfacht zum Ausdruck zu bringen. Im Gegensatz zur Metapher leitet die Metonymie ihre bildspendenden Elemente aus dem Bereich des bildempfangenden Bereichs ab.

Beispiele:
„Ich fahre einen *Achtzylinder*." – *Das Teil steht für das Ganze* („Ich fahre ein Auto, dessen Motor ein Achtzylinder ist.").
„Ich fahre einen *Mercedes*." – *Der/die Erzeuger/in steht für das Produkt* („Ich fahre ein Auto der Marke Mercedes.").
„Die *Busse* streiken heute." – *Das Objekt steht für den/die Benutzer/in* („Die Busfahrer/innen der Freiburger Verkehrsgemeinschaft streiken heute.").
„Ein *Ford* ist mir hinten rein gefahren." – *Der/die/das Verantwortliche steht für das Resultat* („Ein/e Fahrer/in eines Autos der Marke Ford ist mir in das Heckteil meines Autos mit der Marke Mercedes rein gefahren.").

> „Das *Rektorat* ist für Studiengebühren." – *Die Institution steht für den/die Entscheidungsträger/in* („Die Mitglieder des Rektorats haben in einer Senatssitzung dafür plädiert, Studiengebühren einzuführen.").
>
> „*Washington* hat seine Meinung geändert." – *Der Ort steht für die Institution* („Die Politiker/innen in Washington haben in einer Versammlung ihre Meinung geändert.").

Die Klassifizierung von Lakoff und Johnson mutet auf den ersten Blick verwirrend und wenig systematisch an: Das liegt unserer Meinung daran, dass eine Metapher selten in genau *eine* der Kategorien hineinpasst. Wir haben es mit einem komplexen, weit- und tiefreichenden Metaphernsystem zu tun, nicht mit nebeneinander stehenden sprachlichen Besonderheiten. Wir sehen Menschen als Gefäße mit einem Innen und Außen (Gefäßmetapher); wenn wir Sprache nun personifizieren, dann übernehmen wir auch die Gefäßmetapher. Wenn wir bspw. das Konzept „Krankheit" auf „Sprache" anwenden (Strukturmetapher), implizieren wir, dass Sprache eine Patientin ist (Personifikation); zugleich übertragen wir unser Konzept von Krankheit (Innen-Außen, also eine Orientierungsmetapher). Die Zusammenschau soll also eher dazu dienen, die verschiedenen Aspekte metaphorischer Strukturierung (er)kennen zu lernen. Es geht an dieser Stelle nicht um ein striktes Klassifikationssystem, sondern um die Darstellung von Vielfalt – einer Vielfalt, die grundlegend für die Fruchtbarkeit der Metaphernanalyse ist. Dies macht es unserer Ansicht nach aber auch notwendig, die Analyse von Metaphern in ein umfassenderes Konzept der Rekonstruktion sprachlich-kommunikativer Phänomene einzubetten – was ja das Ziel dieses Buches ist.

IV.6 Das Verhältnis zu anderen Metapherntheorien

Das „Leben in Metaphern" hat zu einem gewissen Boom der Metaphernanalyse in den empirischen Sozialwissenschaften geführt, doch Lakoff und Johnsons Ideen sind nicht unbedingt neu. So gibt es eine Reihe von prominenten Vordenkern, auf die sich aber Lakoff und Johnson nur in Ausnahmefällen beziehen. Gedanken zur Metaphorik finden sich bspw. bei Herder, Locke, J. A. Hartung, Bühler, Whorf, Trier, Kant, Cassirer und Nietzsche (vgl. Jäkel 1997: 121ff.).[51] Wir möchten unsere skizzenhafte Besprechung früherer Überlegungen zur Metaphorik jedoch mit einem noch früheren Autor beginnen – mit Aristoteles – und damit mit einem weit verbreiteten Missverständnis.

In vielen Studien zur Metaphorik wird das Metaphernkonzept von *Aristoteles* sehr kritisch betrachtet.[52] Die populären Hauptthesen, die Aristoteles zugeschrieben werden:

---

[51] Wir stützen uns in diesem Kapitel auf Olaf Jäkels hervorragende Zusammenschau aus „Metaphern in abstrakten Diskurs-Domänen" (1997).
[52] Zur heftigen Kritik an Aristoteles insbesondere durch Lakoff und Johnson siehe Jäkel 1997: 95, dort insbesondere Fußnote 13.

Die Metapher liege außerhalb der „normalen" Sprachverwendung; sie sei ein Ornament; sie habe lediglich rhetorische, aber keine konzeptionelle Funktion. Des Weiteren sei sie weniger präzise und klar – und der Gebrauch von Metaphern sei großen Denkern vorenthalten (Mahon 1999: 72). Kurz: Das Konzept stehe im radikalen Gegensatz zur Metapher als realitätskonstituierendem Alltagsphänomen wie bei Lakoff und Johnson. James Edwin Mahon (1999) wehrt sich gegen diese Zuschreibungen[53]: Ihm zufolge stellt Aristoteles keine dieser Thesen auf. Denn Aristoteles spricht über einen spezifischen Bereich – nämlich über Literatur, nicht über Sprache allgemein: „The *Poetics* is a treatise about Greek literature [...]. It is not a treatise about language." (Mahon 1999: 72, Herv. i. Orig.) Es gehe Aristoteles weniger um die *Verwendung*, sondern um die *Prägung* von Metaphern im literarischen Kontext. Ein direkter Vergleich mit einer Theorie der Verwendung, d.h. der Sprachpragmatik von Metaphern, ist also äußerst problematisch. Doch auch wenn die „Fehlinterpretation" als solche angenommen wird, hat sie doch einen starken Einfluss auf die Metapherntheorie genommen, da Aristoteles' Texte zur Abgrenzung oder als Kontrastfolie zur Entwicklung und Konturierung einer anderen Position dienten (vgl. hierzu auch Kurz 2004: 8ff.).

Richards (1936) kritisierte bspw. in seinen Vorlesungen, dass laut Aristoteles zwischen den Dingen (objektive) Ähnlichkeiten bestehen, die von scharfen Beobachtern erkannt werden können (vgl. Richards nach Mahon 1999: 76f.; siehe auch Jäkel 1997: 91). Diese Sicht steht nicht unbedingt im Gegensatz zu Lakoff und Johnsons Metapherntheorie: In den *Kapiteln IV.3* und *IV.5* wurde deutlich, dass Metaphern nicht zufällig gewählt werden, sondern abhängig von Grunderfahrungen und kulturellen Diskursen. Ähnlichkeiten spielen bei jeder Metaphernbildung eine Rolle – allerdings müssen dies keine „objektiven" sein, sondern sie sind in der Erfahrung verortet: „Metaphor is mostly based on correspondences in our experience, rather than on similarity." (Lakoff 1993a: 245; vgl. Jäkel 1997: 96) Lakoff und Johnsons Einschätzung setzt also einen anderen Fokus: Nicht eine Ähnlichkeit der Dinge, die die Metaphern entstehen lässt, steht für sie im Vordergrund. Im Mittelpunkt steht, wie vielmehr die Metaphern eine Ähnlichkeit, eine ‚Ähnlichdenkbarkeit' der Dinge in der Welt erschaffen. Diese ‚Ähnlichdenkbarkeit', das Verknüpfen von Diskursen, Wissens- und Denkschablonen, taucht – so die verbreitete Lesart – in Aristoteles' Metaphernkonzept nicht auf. Die Metapher werde auf der Ebene des Wortes als eine Art Vergleich betrachtet, sie könne dementsprechend durch den ‚eigentlichen' Begriff paraphrasiert, rückübersetzt werden (vgl. Jäkel 1997: 91f.; 97). Das macht sie nach dieser Lesart überflüssig – und stellt das „aristotelische" Metaphernkonzept in den genauen Gegensatz zu Lakoff und Johnsons Grundannahme, dass Metaphern etwas durch und durch Alltägliches sind (vgl. a.a.O.: 93).

Bei *Max Black* und dem eben erwähnten Rhetoriker *Ivor Armstrong Richards* – auf dessen Ideen Blacks Überlegungen aufbauen – sind Metaphern das Ergebnis

---

[53] Vgl. zu dieser Thematik auch Arbogast Schmitt in Aristoteles 2008: 631ff. sowie Niedermair 2001: 144–147.

einer Interaktion von einem bildspendenden (Vehikel) und einem bildempfangenden Bereich (Tenor) (vgl. a.a.O.: 99 ff.). Für Black bildet die Metapher die Spitze eines tiefer liegenden Modells (vgl. a.a.O.: 102): Sie ist also wie in Lakoff und Johnsons Metapherntheorie ein konzeptuelles Phänomen und nicht ein lediglich ornamentales. Dementsprechend kann eine Metapher nach Black nicht ohne Verlust ersetzt oder rückübersetzt werden (Black 1954: 46 nach Jäkel 1997: 101 f.). Jäkel (1997) sieht in einem Aufsatz Blacks (1962) bereits die Idee der konzeptuellen Metaphern vorweg genommen: „Es scheint mir mittlerweile nur noch schwer vorstellbar, daß Lakoff diesen Aufsatz nicht rezipiert haben sollte." (Jäkel 1997: 102, Fußnote 27). Die Besonderheit von Richards und Blacks Ansatz liegt darin, dass sie eine „Interaktion" zwischen Tenor und Vehikel, zwischen bildspendendem und bildempfangendem Bereich annehmen. Searle und andere Kritiker werfen Black und Richards insbesondere vor, dass nicht klar beschrieben werde, was sie mit der „Interaktion" letztlich meinen oder wie diese genau ablaufe (vgl. Jäkel 1997: 104). Der wahrscheinlich gewichtigste Unterschied zu Lakoff und Johnsons Metaphernkonzept ist folglich die Idee, dass Metaphern sich in zwei Richtungen auswirken können: Dass durch die Metapher auch ein gewisser Rückkopplungseffekt auf den bildspendenden Bereich wirkt (vgl. Black 1954: 44 nach Jäkel 1997: 104 f.).

Der Sprachphilosoph John Searle wiederum bettet die Metapher in seine Sprechakttheorie ein. Die Metapher wird dementsprechend in ein pragmatisches Modell eingegliedert (Jäkel 1997: 106). Für Searle ist der Unterschied zwischen der wörtlichen (denotativen) Bedeutung einer Äußerung und der performativ-intendierten Bedeutung zentral für die Analyse von Metaphern. Er geht davon aus, dass eine Metapher paraphrasiert werden kann, und zwar mit einer wörtlichen Übersetzung (a.a.O.: 106 f.). Darauf aufbauend glaubt Searle, dass ein/e Hörer/in einen Satz dahingehend analysiert, ob er wörtlich gemeint ist. Ist dies nicht der Fall, wird er reinterpretiert und kann dann als metaphorisch eingestuft werden (a.a.O.: 108 f.). Obwohl die Metapher für Searle ein alltagssprachliches Phänomen sein kann, wird sie dennoch in das Feld des uneigentlichen Sprechens gerückt. Sie wird „wieder einmal als Abweichung vom Normalfall des wörtlichen Sprachgebrauchs gekennzeichnet" (a.a.O.: 109).

Zu guter Letzt widmen wir uns dem deutschen Linguisten *Harald Weinrich*, der sein bis heute wenig rezipiertes Metaphernkonzept ab 1958 entwickelte. Es kann als dasjenige Metaphernkonzept gesehen werden, das dem von Lakoff und Johnson am stärksten ähnelt (a.a.O.: 132). Weinrich lehnt die Semantik seiner Überlegungen an die Bildfeldtheorie an, und so entsprechen den konzeptionellen Metaphern bei Weinrich die *Bildfelder* (vgl. a.a.O.: 139). Auch die Handlungsdimensionen, die Metaphern mit sich bringen, sind bei Weinrich bereits angelegt:

> „Im Maße, wie das Einzelwort in der Sprache keine isolierte Existenz hat, gehört auch die Einzelmetapher in den Zusammenhang ihres Bildfeldes. Sie ist eine Stelle im Bildfeld. In der Metapher Wortmünze ist nicht nur die Sache ‚Wort' mit der Sache ‚Münze' verbunden,

sondern jeder Terminus bringt seine Nachbarn mit, das Wort den Sinnbezirk der Sprache, die Münze den Sinnbezirk des Finanzwesens." (Weinrich 1976: 283)

Weinrich deutet außerdem an, dass wir in Metaphern leben – so stehe jeder Mensch „immer schon in einer metaphorischen Tradition" (Weinrich 1976: 278). Auch die Generalisierung und Kategorisierung von Metaphern verläuft nach einem sehr ähnlichen Muster: Wo nach Lakoff und Johnson Paarformeln gebildet werden (bspw. „Das Leben ist eine Reise"), bildet Weinrich Kombinationen wie bspw. „Lebensreise" (vgl. Jäkel 1997: 132f.).

Zusammenfassend lässt sich sagen: Einzelne Grundgedanken in Lakoff und Johnsons Ausführungen überlappen sich, jeweils verschieden akzentuiert, mit den vorgestellten Metapherntheorien früherer Denker – bis hin zu dem Punkt, dass sie sich mit Weinrichs Ansatz praktisch decken. Letzteres schmälert – wie Jäkel es ausdrückt – vielleicht die Originalität von Lakoff und Johnsons Metapherntheorie. Gleichzeitig wird Lakoff und Johnsons Verdienst jedoch aufgewertet, da zentrale Thesen, die unabhängig voneinander entstanden sind, gebündelt und bestätigt werden können (Jäkel 1997: 139f.). Unser vergleichender Exkurs deutet auch darauf hin, dass die Metapherntheorie nach Lakoff und Johnson einige Problematiken und Kritikpunkte mit sich bringt – diesen wollen wir uns im folgenden Kapitel widmen.

IV.7 Lakoff und Johnsons Metaphernverständnis: Problematiken, Kompromisse, Modifikationen

In diesem Kapitel widmen wir uns fünf Problematiken, die das Metaphernkonzept nach Lakoff und Johnson unserer Ansicht nach mit sich bringt. Aufbauend auf der Diskussion stellen wir die Kompromisse, Eingeständnisse und Modifikationen vor, mit denen wir diesen Problematiken begegnen.

Ist alles Metapher?
Im vorhergehenden Kapitel wurde nochmals deutlich, dass die Metapher bei Lakoff und Johnson kein Ornament, kein Kunstgriff und schon gar keine Verschleierung ist, sondern ein alltägliches Instrument, um die Welt zu strukturieren und verstehbar zu machen. Wie alltäglich ist „alltäglich"? Lakoff und Johnson verschieben die „Metapher vom Sonderfall hin zum Regelfall" (Jäkel 1997: 43). Wenn nun Metaphern der Regelfall sind – was ist dann *nicht* mehr Metapher? In der Tat kann man Lakoff und Johnsons Gedanken auf die Spitze treiben: Als Metapher wird ein Fall definiert, in dem ein Gegenstand mit den Worten eines anderen Gegenstandes ausgedrückt wird. Doch alle sprachlichen Zeichen sind gewissermaßen Stellvertreter: Sie stehen nicht für sich selbst, sondern für etwas anderes (vgl. *Kapitel III.1*). In der Konsequenz droht die Metapherntheorie zusammenzubrechen, wenn die für die Metapher konsti-

tuierende Unterscheidung von Metaphorischem und Nicht-Metaphorischem zusammenfällt (vgl. Jäkel 1997: 45).

Wie kann man diesem Paradox begegnen? Mit Bezug auf Kittay (1987), Schöffel (1987) und Keil (1991) weist Jäkel (1997) eine konsequente – oder radikale – Ausweitung von Lakoff und Johnsons Konzept auf pragmatische Weise zurück:

> „Wo die einfache Symbolrelation bereits als metaphorisch bezeichnet wird, ist qua Definition jedes Inhaltswort der Sprache eine Metapher. So inflationiert, benennt der Begriff Metapher nichts Eigenes mehr und ist überflüssig geworden." (Jäkel 1997: 45, Fußnote 65)

Diese Einsicht zeigt, dass die Metapherntheorie nicht zum Dogma werden sollte, wenn sie sich nicht selbst auflösen möchte. Dies legt wiederum nahe, dass ein theoretischer Zugang in gewissen Grenzen gehalten werden muss, damit er in eine Methode überführt werden kann, in ein Instrument, das für den Erkenntnisgewinn hilfreich ist. Diese Grenzen müssen die Forschenden ziehen und abwägen: *Sie* überführen letztendlich ein theoretisches Konzept in eine Methode – und dieser Überführungsprozess stellt eine Kette von Entscheidungen dar. Die Entscheidungen basieren dabei auch auf habituellen Perspektiven: Sie werten die Methode nicht ab, doch sie schränken sie dergestalt ein, dass es unserer Ansicht nach unabdingbar ist, zugleich mit anderen Analysemethoden oder -heuristiken an einen „Text" heranzugehen.

Metaphern sind Definitionssache
Aus dem ersten Problem leitet sich ein zweites ab. Um eine Metapher zu erkennen, muss man wissen, dass ein bestimmtes Wort, ein Begriff aus einem anderen Kontext stammt (vgl. Jäkel 1997: 44f.). Wir stimmen Jäkels Auffassung zu, dass es auch wörtliche Bedeutung geben muss – bzw. dass sie für den Zweck der Analyse *angenommen* werden muss. Eine Annahme ist eine Grenzziehung – „wörtliche" Bedeutung ist letzten Endes Definitionssache. Im Einzelfall ist die Grenze zwischen Metapher und Nicht-Metapher fließend; sie hängt vor allem davon ab, welche Bedeutung man als „nicht-metaphorisch" festsetzt (vgl. a.a.O.: 48). Jäkel legt nahe, dass es oftmals ein Spektrum von Metaphorizität und Nicht-Metaphorizität gibt: Die Preise *steigen*. Das Wasser *steigt*. Ich *steige* auf den Berg. Welches „Steigen" ist hier das „wörtliche", welches metaphorisch? (Beispiele nach Jäkel: a.a.O.)

In der Forschungspraxis müssen wir uns folglich darüber bewusst sein, dass wir zwar *annehmen*, dass es Metaphern „gibt" – doch dass wir es sind, die sie definieren. Alles, was wir über die Metaphernanalyse erarbeiten, hängt also von den Definitionen, von unseren Entscheidungen als Forschende ab (vgl. Niedermair 2001: 158) – und damit auch von unseren Metaphern für Metaphern (siehe *Kapitel IV.8*). Die Wirkmächtigkeit des Phänomens „Metaphern" auf unser Denken wird damit nicht bezweifelt – doch es ist unserer Ansicht nach wichtig, sie nicht grenzenlos zu denken und die Grundlagen stets hinterfragbar zu halten.

Metaphern als diachrone Phänomene
Mit der Reflexion über die Definition von „Metapher" und „Nicht-Metapher" nähern wir uns dem dritten Problem: „Tote" Metaphern wie „Stuhlbein" sind laut Lakoff und Johnson aus der Metaphernanalyse auszuschließen, weil sie keine Rolle mehr für die Konzeptualisierung spielen – sie seien isoliert, in kein breiteres Konzept eingebunden (Lakoff/Johnson 2003: 68f.). Doch wo verläuft hier die Grenze? Wie viel Metaphorik steckt noch in „toten" oder isolierten Metaphern? Lakoff und Johnson geben hierzu leider keine praxistaugliche Einschätzung. Laut Austin kann ein Wort fast nie seine Etymologie abschütteln (Austin 1956a: 201f. nach Jäkel 1997: 52). Abgesehen davon können auch „tote" Metaphern „wiederbelebt"[54] werden, indem auf historisch frühere Formen verwiesen wird – bspw. durch das Aufbrechen der Wortformen: „be-greifen" (Traugott 1985: 21 nach Jäkel 1997: 53). Jäkel stellt hierzu treffend fest:

> „Die Unmöglichkeit einer trennscharfen Unterscheidung zwischen konventionellen und toten Metaphern und die Möglichkeit ihrer problemlosen ‚Wiederbelebung' stellen die klare Trennung von synchronischer und diachronischer Untersuchungsperspektive für den Bereich der Metapher in Frage." (Jäkel 1997: 54)

Metaphern sind menschengemacht (vgl. *Kapitel IV.1* und *IV.3*), haben folglich eine Geschichte. Der diachronische Blickwinkel birgt den Vorteil, aufbauend auf dieser Geschichte bestimmte Konzepte rekonstruieren zu können. Dies hat auf der einen Seite den Vorteil, dass sich die Analysierenden nicht auf unbewusste eigene Konzepte oder lediglich ihre Intuition verlassen (Jäkel 1997: 55). Auf der anderen Seite entfernt man sich von den bewussten Wahrnehmungshorizonten der Beforschten damit noch mehr.[55] Eine stark etymologisierende (wortgeschichtliche) Sichtweise kann zu Überinterpretationen führen – eine geschichtsblinde Sichtweise hingegen kratzt nur an der Oberfläche der metaphorischen Wirklichkeitsstrukturierung. Begegnet werden kann diesem Dilemma über Reflexionsprozesse und über die Arbeit in Analysegruppen (vgl. *Kapitel III.3*). Die Entscheidung, inwiefern in die Metaphern- oder Wortgeschichte eingestiegen wird, sollte dabei für jedes Projekt neu getroffen und evaluiert werden.

Die Annahme der linguistischen Relativität
Das Prinzip der linguistischen Relativität (auch „Sapir-Whorf-These" genannt) besagt, dass verschiedene sprachliche Strukturen zu verschiedenen Sichtweisen führen.

---

[54] Dieses metapherntheoretische Metaphernspiel treibt Cooper (1986: 119 nach Jäkel 1997: 53) auf die Spitze, indem er fragt: „(…) whether dead metaphors are like dead bodies, which are certainly still bodies; or like dead husbands, who are no longer husbands (If they were, then widows would be committing bigamy on remarrying)."
[55] Eine Möglichkeit, dies abzufedern, besteht darin, die metaphorischen Konzepte mit den Interviewten zu besprechen im Sinne einer kommunikativen Validierung.

> „The phenomena of language are background phenomena, of which the talkers are unaware or, at the most, very dimly aware [...] These automatic, involuntary patterns of language are not the same for all men but are specific for each language and constitute the formalized side of the language, or its ‚grammar' [...] From this fact proceeds what I have called the ‚linguistic relativity principle', which means, in informal terms, that users of markedly different grammars are pointed by their grammars toward different types of observations and different evaluations of externally similar acts of observation, and hence are not equivalent as observers, but must arrive at somewhat different views of the world." (Whorf 1956: 221)

Allgemeiner betrachtet bedeutet dies, „that culture, *through* language, affects the way we think, especially perhaps our classification of the experienced world." (Gumperz/Levinson 1996: 1, Herv. i. Orig.) Dieses Prinzip wurde und wird emotional ver- und angefochten (vgl. Linke et al. 2001: 156; 332; Gumpertz/Levinson 1996: 1f.; Carroll 1956: 29). Umstritten ist es insbesondere in Fällen, in denen es zu einem linguistischen Determinismus führt – also zur Annahme, dass unser Denkpotenzial komplett durch unsere (Mutter-)Sprache bestimmt wird. Da Lakoff und Johnsons Metaphernkonzept auf der Annahme der linguistischen Relativität beruht, ließe sich eine ähnliche Radikalisierung auch mit deren Metaphernkonzept anstellen: Wir sind Gefangene unserer Metaphern, sie determinieren unser Weltbild und unser Denken. Die wichtige Frage ist nun: Wie *sehr* bestimmen Metaphern unser Denken und Handeln? Wie viel „greifen" steckt in „begreifen", wie viel sportliche Nautik im „Internetsurfen", wie viel Naturkatastrophe in der „Fremdwörterflut"? Zwar vertreten Lakoff und Johnson die prägnante These, dass der Kern unserer Konzepte metaphorisch ist (Lakoff/Johnson 2003: 11) – doch diese Metapher impliziert, dass es noch etwas anderes als einen Kern geben muss. Der Griffigkeit ihrer Thesen zum Trotz ist es nicht einfach zu zeigen, inwiefern sich die metaphorische Strukturierung auswirkt – wenn man über das Sammeln einzelner wohlklingender Belege hinausgehen will.

Wir sind davon überzeugt, dass Metaphern eine wichtige Rolle für das Verstehen (und damit gleichzeitig das Konstruieren) von „Welt" spielen.[56] Belegen können wir es nicht – wir können es nur axiomatisch annehmen und vor dem Hintergrund dieser (zu reflektierenden!) Annahme Erkenntnisse aus dem Analyseprozess schöpfen. Innerhalb der Metaphernanalyse halten wir es deshalb für sinnvoll, die Metapher als ein Sinn konstituierendes, vielleicht sogar determinierendes Element zu betrachten. Allerdings ziehen wir die Grenze dieser Radikalität auch an der Grenze der Theorie selbst. Die Metaphernanalyse ist *ein Ansatz* unter vielen Ansätzen zur Erklärung von Sinnsystemen. Wir weiten die metaphernanalytische Position bewusst nicht so weit aus, dass sie andere linguistische, psychologische oder soziologische Ansätze aussticht. Denn wie aus den vorausgegangenen Diskussionen hervorgeht, steht die Theorie auf einem Netz von Definitionen, das durchaus auch anders aufgespannt werden könnte und auch nur unter bestimmten Umständen Lakoff und Johnsons Grundannahmen

---

[56] Vgl. hierzu vor allem das folgende *Kapitel IV.8*.

überhaupt zu tragen vermag. Ihre Erklärungskraft zieht die Metaphernanalyse letztendlich aus der Annahme der sprachlichen Relativität. Wenn diese auch innerhalb der Metaphernanalyse bezweifelt wird, macht der Analyseansatz keinen Sinn. In der Einleitung sprachen wir davon, dass die Metaphernanalyse ein Schlüssel in einem Schlüsselbund von Zugängen zu einem Text sein soll – dieser Schlüssel muss scharfe Konturen und Kanten aufweisen, wenn er greifen soll. Doch er ist eben nur einer unter vielen, und er soll nicht zum Generalschlüssel stilisiert werden – und schon gar nicht zu einem Dietrich.

Die Annahme von Unidirektionalität
Lakoff und Johnson gehen von einer metaphorischen Unidirektionalität aus: Der bildspendende Bereich prägt den bildempfangenden Bereich – umgekehrt ist dies jedoch nicht möglich. Jäkel (1997: 104) schließt sich Lakoff und Johnson an und verteidigt vehement die These der Unidirektionalität. Belegen kann er die Verneinung von Interaktionseffekten (allein aufgrund der Formulierung der These) aber nicht. Wir glauben, dass Lakoff und Johnson in diesem Punkt zu kurz greifen, und dass eine gewisse Austauschbeziehung zwischen bildspendendem und bildempfangenden Bereich essentiell für die fortwährende Erklärungskraft von Metaphern ist. So verwenden wir immer noch nautische Begriffe für neue Phänomene – wie bspw. das Internet. Das nautische Vokabular, so könnte man unterstellen, müsste eigentlich seine Erklärungskraft verlieren, je weniger wir mit Nautik (oder Schifffahrt) zu tun haben. Dass nautische Bilder immer noch erklärungskräftig sind, liegt aber nicht daran, dass wir ständig auf Schiffen unterwegs sind (im Gegenteil, wahrscheinlich spielt Wassertransport eine kleinere Rolle denn je für die meisten Menschen in der westlichen Kultur). Die Erklärungskraft wird dadurch aufrechterhalten, dass die Metapher (historisch gesehen) immer wieder erfolgreich auf neue Zielbereiche angewendet wurde: bspw. auf den Luft- und Straßenverkehr.

Man könnte dies mit einem fiktiven Beispiel auf die Spitze treiben: Es ist vorstellbar, dass ein junger Mensch im Internet „surft", ohne zu wissen, dass es „surfen" im Wasser (also auf einem Brett auf Wellen reiten) überhaupt als Betätigung gibt. Wenn diese Person nun zum ersten Mal an einem Meeresstrand steht und lernt, dass die auf den Brettern stehenden Menschen „surfen", dann ist vorstellbar, dass unser/e junge/r Internetnutzer/in dieses „Surfen" als übertragen wahrnimmt oder zumindest als „übertragener" als dies Menschen tun, die mit dem „Surfen" auf dem Wasser aufwachsen. Hier drängt sich wieder das Problem (oder eher: die Kontingenz) der Wörtlichkeit auf. Wenn also – in unserem konstruierten Beispiel – je nach Kontext, Erfahrung, kultureller Entwicklung (oder generell: Zeit) etwas als bildspendender und/oder als bildempfangender Bereich wahrgenommen werden kann, dann kann die Unidirektionalitätsthese nicht aufrechterhalten werden.

Die Metapher funktioniert sozusagen, weil sie sich durch ihre Anwendung „frisch" hält. Wir möchten in diesem Fall ähnlich wie Black und Richards von „Interaktion" sprechen (vgl. Jäkel 1997: 99ff.; Niedermair 2001: 148f.) und hervorheben, dass Metaphorik unserer Ansicht nach eine Rückkopplung, ein – beizeiten subtiles – Echo auslöst. Spitzmüller (2005: 240) argumentiert durchaus nachvollziehbar, dass bestimmte metaphorische Konzepte (wie Reinheits- und Schädlingsmetaphorik) nach dem Zweiten Weltkrieg neue Konnotationen bekommen haben. Derartige Konnotationen sind ein Indikator dafür, dass es Rückkopplungseffekte geben muss. Es macht unserer Ansicht nach wenig Sinn, die Vernetzung von Diskursen durch Metaphern zu vertreten und gleichzeitig anzunehmen, dass die vernetzenden Elemente (Metaphern) durch diesen Prozess nicht verändert würden. Wenn Metaphern Netze von Sinnverweisen entstehen lassen, ist zu überlegen, wie die Konzepte aufeinander rückwirken.

IV.8 Forschen in Metaphern: Zur Rolle von Metaphern bei der wissenschaftlichen Generierung von Wissen

„Wir operieren mit lauter Dingen, die es nicht giebt, mit Linien, Flächen, Körpern, Atomen, theilbaren Zeiten, theilbaren Räumen –, wie soll Erklärung auch nur möglich sein, wenn wir Alles erst zum Bilde machen, zu unserem Bilde!" (Nietzsche 2000: 473) Nietzsche impliziert, dass die Metapher, obwohl ein alltägliches Phänomen, nicht nur im „Alltag" wirksam ist – sondern auch in der Wissenschaft. Die Kapazität der Metapher, Unbekanntes in Begriffen von Bekanntem bzw. Abstraktes in Begriffen von weniger Abstraktem auszudrücken, macht sie vielmehr zu einem – vielleicht sogar *dem* – zentralen Element der Wissensgenerierung und Wissensvermittlung (vgl. Kuhn 1993: 540). Das liegt nicht nur daran, dass Wissenschaft „auf die Umgangssprache als letzte Metasprache angewiesen [ist]" (Brünner 1987: 110). Konsequent betrachtet ist jede Abstraktion metaphorisch: „*All* theories are based on metaphors because all our abstract concepts are metaphorically defined" (Johnson 2008: 51, Herv. i. Orig.; vgl. hierzu auch Buchholz 2010). Dementsprechend gibt es Metaphern, die konstitutiv für ganze Theorietraditionen sind.[57] Eine neue Metapher kann bspw. für einen epistemischen Standortwechsel stehen, was als grundlegend für die Weiterentwicklung wissenschaftlichen Wissens angesehen werden kann. Wichtig für die spielerisch-kreative Neubetrachtung der „Welt" ist die heuristische, modellhafte Funktion der Metapher: Sie liefert hypothetische Denkmodelle (vgl. Jäkel 1997: 134 mit Bezug auf Weinrich 1964: 294), da sie „links between scientific language and the world" (Kuhn 1993: 539) herstellt. Für Boyd (1993: 494) spielt die Metapher die Rolle einer auf einer bestimmten Wissensbasis beruhenden Schätzung („informed guess"). Ricœur sieht in der Metapher eine „heuristische Funktion einer Neubeschreibung der Wirklichkeit" (Breitling 2010: 196). Die Metapher kann also als Heuristik (als eine

---

[57] Siehe exemplarisch Johnson 2008 für die Philosophie; Brünner 1987 für die Linguistik; Buchholz 1996 für die Psychologie; Boyd 1993 für die kognitive Psychologie; Rathmayr 1991 für die Sozialwissenschaften und Rigney 2001 für die Soziologie.

Erkenntnishilfe), als Teil gedanklicher Experimente gesehen werden, welche vorangetrieben werden, um neue Einsichten zu erlangen.

In den vorangegangenen Kapiteln haben wir nicht von ungefähr davon gesprochen, dass Metaphern einen Fokus setzen. Sie reduzieren die Komplexität unserer Welt. Metaphorische Konzepte haben demnach noch eine weitere Funktion, die bereits im obigen Nietzsche-Zitat anklingt: Sie machen komplexe Sachverhalte verständlich, indem sie die *Komplexität* von Beschreibungsmöglichkeiten reduzieren. Wenn neue Dinge und Vorgänge mittels Dingen und Vorgängen bekannter Konzepte beschrieben werden, bleibt die Zahl der möglichen Beschreibungsformen geringer. Denn die Konzepte beziehen sich immer wieder aufeinander und werden lediglich neu abgeglichen und aktualisiert. Dadurch entsteht ein dichtes, aber auf gewisse Weise zirkuläres Konzeptsystem. Wenn – oder gerade weil – Konzepte derart verwendet werden, bestätigt sich ihre Aussage- und Erklärungskraft immer wieder aufs Neue. Nietzsche spricht nicht von ungefähr von der Wissenschaft als „möglichst getreue Anmenschlichung der Dinge" (Nietzsche 2000: 473): Wir integrieren neues Wissen, indem wir es im Licht der uns bereits bekannten Wissensbestände betrachten. Diese Wissensbestände können, da metaphorisch, nach Lakoff und Johnson (2003) auf menschliche Grunderfahrungen bzw. darauf aufbauende konzeptuelle Gestalten herunter gebrochen werden. Metaphern sind also durchaus eine „Anmenschlichung". So fragt Thomas Kuhn (1993: 539) zu Recht am Ende seines Aufsatzes zur Metapher in den Wissenschaften: „Is what we refer to as ‚the world' perhaps a product of a mutual accomodation between experience and language?" Ist die Metapher der Katalysator, der uns ein Wechselspiel zwischen Erfahrung und Sprache (und damit einen Zugang zu „Welt") überhaupt erst ermöglicht?[58]

Wie dem auch sei: Das enorme wissensgenerierende Potenzial der Metapher impliziert zugleich eine Zirkularität von Wissen. Es scheint bezüglich der Metapher Vilém Flussers (1994: 35)[59] pointierte Feststellung zuzutreffen – nämlich „daß nur solche Phänomene überhaupt wahrgenommen werden, die schon zuvor gewußt werden."[60] Bei der wissenschaftlichen Wissensgenerierung haben Metaphern von daher nicht nur eine Funktion auf erkenntnistheoretischer Ebene, sondern auch eine „[…] *programmatische Funktion*. Durch sie wird eine wissenschaftliche Gemeinschaft konstituiert, die sich darauf verständigt, einen Gegenstand in einem bestimmten Licht zu sehen und ihre Analysen entsprechend dieser Konzeptualisierung vorzunehmen." (Brünner 1987: 111 mit Bezug auf Boyd 1993, Herv. i. Orig.) Metaphern sind, so wird auch hier wieder deutlich, soziale Phänomene, und sie können verantwortlich für

---

[58] Vgl. hierzu auch wieder Ward E. Goodenoughs Ansatz der Kognitiven Anthropologie (Goodenough 1956; siehe auch *Kapitel III.3.*).
[59] Vgl. hierzu auch Junge (2010: 267ff.).
[60] Diese zirkuläre Erkenntnisfigur ist auch als „Hermeneutischer Zirkel" bekannt.

Theoriewandel oder Paradigmenwechsel sein (a.a.O.)[61]. Der Bruch mit „konsistenten" Wirklichkeitsbildern kann somit als Bruch mit einer spezifischen Metaphorik gesehen werden. Einerseits können scheinbar unhinterfragbare Wissensbestände, Rahmenbedingungen und Theorien kritisiert werden, indem ihre Metaphorizität (also der Umstand, dass sie metaphorisch strukturiert sind) hervorgehoben wird. Andererseits birgt die Metapher eine provokant-konstruktive Möglichkeit, Dinge neu zu denken: „Im Unterschied zur Lüge, die sich sozusagen ‚nichts anmerken lässt', stellt sich der metaphorische Satz offen als ein Verstoß gegen die in einer Verständigungsgemeinschaft geltenden semantischen Regeln der Satzbildung [und der Sinnbildung! Anm. d. A.] dar." (Breitling 2010: 194) Gleichzeitig birgt die Metapher eine „Immunisierungsfunktion" (Brünner 1987: 111) gegen Kritik: Sie suggeriert „Verständigung als Einsicht dort, [...] wo die Analyse noch gar nicht geleistet ist" (Ehrlich 1986: 1 nach Brünner 1987: 111). Sie könnte in gewisser Weise also auch als Schutzfaktor für neue Theorieschulen gesehen werden.

Resümiert man die bisherigen Ausführungen, so wird deutlich, dass in der wissenschaftlichen Wissensgenerierung die Metapher eine *epistemische* Rolle für die Horizonterweiterung spielen kann, gleichzeitig aber auch eine *soziale* Rolle bei der Herausbildung konkurrierender Schulen und Denktraditionen. Obwohl Metaphern eine fast determinierende Wirkmächtigkeit haben können, sind wir dennoch dazu fähig zu erkennen, dass sie austauschbare Stellvertreter bestimmter epistemischer Systeme sind.[62]

Die Metaphorizität von Wissen und das Erkennen derselben generiert bereits neues Wissen. Jedes Wissen ist insofern grundsätzlich hinterfragbar. Konsequenterweise birgt die Analyse von Metaphern ein enormes Kritikpotential: „[O]nce you understand how conceptual metaphors lie at the heart of your abstract conceptualization and reasoning, you acquire a new set of tools for analyzing, explaining, and criticizing philosophical theories." (Johnson 2008: 51) Dies gilt nicht nur für philosophische Theorien, sondern für alle Bereiche der auf Theorien basierenden (oder in Theorien resultierenden) hat Wissensgenerierung.

Die Metapher hat eine paradoxe, aber gerade deshalb zentrale Stellung bei der Generierung und Weiterentwicklung von Wissen. Dieses Paradoxon ist kein zentrales Problem für die Generierung wissenschaftlichen Wissens, im Gegenteil. Denn die Metaphorizität unseres Wissens führt aufgrund der Übertragungsfunktion zunächst einmal (a) zu *Nachvollziehbarkeit*. Aufgrund ihrer heuristischen Funktion setzt sie (b) *Kreativität* frei und markiert Wissen zugleich als (c) *vorübergehend* und in der Konsequenz (d) als grundsätzlich *hinterfragbar*. Metaphorik ist kein Makel, der wissenschaftlichem Wissen anhaftet. Sie kann vielmehr als Bedingung für wis-

---

[61] Mit Bezug auf Kuhn 1970 und 1979 [2. Aufl 1993]; vgl. hierzu auch Mayer 1993: 565 mit Bezug auf Kuhn 1970; Boyd 1993: 486f.
[62] Vgl. hierzu auch Foucaults „Archäologie des Wissens" (Foucault 1981) sowie das Konzept des postmodernen Wissens von Lyotard (1999).

senschaftliche Wissensproduktion gesehen werden.⁶³ Doch wenn Metaphern einen Zugang zu Kritik und wissenschaftlicher Fortentwicklung liefern, dann darf dabei auch die Metaphernanalyse nicht außen vor bleiben (vgl. auch Johnson 2008: 51). Das Wort „Metapher" stellt selbst bereits eine Metapher dar – „metapherein" bedeutet „anderswohin tragen" (Bußmann 2008: 434; vgl. auch Junge 2010: 274; Jäkel 1997: 116).⁶⁴

Wir sind in diesem Einführungsband nicht sparsam mit Metaphern umgegangen. Unsere Ausführungen sind eine doppelte Einladung: zur Einbettung der Metaphernanalyse in ein rekonstruktives Analyseverfahren und zur kritischen Auseinandersetzung damit. Wir haben zahlreiche Metaphern verwendet: Metaphern als Bilder; Metaphern als sich bewegende Behälter, die etwas übertragen; Metaphern als lebendige oder tote Lebewesen; Metaphern als Farben, die verblassen können; Metaphern als Autoritäten, die uns etwas vorschreiben.⁶⁵ Unsere Konzepte von Metaphern sind selbst Metaphern: Eine „Beschreibung der metaphorischen Prozedur [setzt] selbst wieder Metaphern [voraus] – ebenso wie die Beschreibung der Sprache Sprache voraussetzt." (Kurz 2004: 7) Wir hatten im vorausgegangenen Kapitel besprochen, dass die Metaphernanalyse einerseits Konsequenz voraussetzt, andererseits jedoch nicht zu einem alles klärenden Instrument stilisiert werden darf. Diese (widersprüchliche) Haltung ist eben der Widersprüchlichkeit der metaphorischen Wissensgenerierung geschuldet; und diese Widersprüchlichkeit ist ein für den Konstruktivismus klassisches Dilemma: Einerseits gibt uns die Metaphernanalyse ein mächtiges Werkzeug (vielleicht sogar *das* Werkzeug schlechthin) zur Hand, um Wissen (und dessen zirkulär-soziale Konstruktion) zu verstehen. Doch auf sich selbst angewendet offenbart sich – eben aufgrund der Qualität des Werkzeuges – dass auch die Metaphernanalyse selbst „nur" ein erkenntnistheoretischer Etappensieg sein kann. Um die Metaphernanalyse weiterzuentwickeln, muss auch sie metapherntheoretisch hinterfragt werden:

> „Even the theories of metaphor themselves must be analyzed. The theory of conceptual metaphor, for example, employs metaphors of ‚mapping' and ‚projection' to conceptualize the nature of metaphor itself. Such a conception could never be absolute – could never tell the whole story or cover all the data – and so we must always be self-reflectively aware of our own metaphorical assumptions and their limitations." (Johnson 2008: 51)

Das herangezogene Zitat von Johnson macht nochmals deutlich, dass die Bewusstmachung von Metaphern uns nicht zuletzt einen wichtigen Zugang zur Selbstreflexion bei der Analyse qualitativer Daten und bei der Erstellung von Theorien eröffnet:

---

⁶³ Vgl. hierzu Karl Poppers Wissenschaftsverständnis: „[…] all knowledge is provisional, conjectural, hypothetical – we can never finally prove our scientific theories, we can merely (provisionally) confirm or (conclusively) refute them; hence at any given time we have to choose between the potentially infinite number of theories which will explain the set of phenomena under investigation." (Thornton 2009: § 4)
⁶⁴ Das Konzept „Metapher" ist selbst also nur eine Metapher – und gerade daher nicht immun gegen Kritik.
⁶⁵ Zu einer hervorragenden Besprechung metaphernanalytischer Metaphorik siehe Jäkel (1997: 115ff.).

Welche Metaphern verwenden wir in unserer Theorie? Welche Metaphern verwenden wir bei der Analyse von Texten? In welchen Metaphern sprechen wir über unsere zu analysierenden Texte? Welche Selbstverständlichkeiten stecken in diesen Metaphern? Mit welchen Metaphern können diese Aspekte ‚ent-selbstverständlicht' (vgl. Breuer 2009) werden? Mit diesen Fragen im Gepäck wollen wir zum Praxisteil dieses Bandes übergehen.

V Methodik und Praxis der Metaphernanalyse

In diesem Kapitel widmen wir uns der praktischen Umsetzung der bislang besprochenen (metaphern-)analytischen Grundlagen. Im *Kapitel V.1* wird das handwerkliche Vorgehen Schritt für Schritt anhand eines Textbeispiels vorgestellt. Der Analyseprozess wird aufgegliedert und analytische Fragen werden hervorgehoben. Im Anschluss daran wird im *Kapitel V.2* gezeigt, wie die Analysearbeit mittels QDA-Software realisiert werden kann. Im *Kapitel V.3* wird schließlich anhand eines weiteren Beispiels („*Fehlermetaphern*") veranschaulicht, wie spezifische metaphorische Konzepte in einer fokussierten Re-Analyse gebündelt dargestellt werden können. Dies ist insofern relevant, als in der Forschungspraxis die Analyse von Metaphoriken nicht auf kleine Textausschnitte beschränkt sein, sondern innerhalb größerer Textkorpora stattfinden wird – wie z.B. in diskursanalytischen Arbeiten.

V.1 Analyseschritte und praktisches Vorgehen

Wir sehen die Metaphernanalyse als eines unter vielen Verfahrenselementen einer offenen rekonstruktiven Analysemethodik. Die vorgestellte Methode kann bspw. im Rahmen der Dokumentarischen Methode (Bohnsack 2000) bei der Analyse von Textstellen mit besonderer metaphorischer Dichte angewandt werden. Sobald eine Textstelle, ein Interview oder ein ganzes Korpus den Forschenden Anhaltspunkte geben, dass sich eine Untersuchung der Metaphorik aufgrund der Beschaffenheit der Daten anbietet, sollte eine genauere Fragestellung erarbeitet werden (siehe hierzu auch Schmitt 2003: § 6), wie zum Beispiel: Welche Metaphern für Anglizismengebrauch werden in diesen Texten verwendet? Wie wird das Verhältnis zum Arbeitsgerät Computer metaphorisch konzeptualisiert? Mit welchen Metaphern wird der Befruchtungsprozess beschrieben? Welche Metaphern für „Forschung" nutzen Biologinnen und Biologen sowie Soziologen und Soziologinnen im Gruppengespräch und welche Konzepte von „Forschung" sind damit verknüpft?

Die hier vorgestellte Analysestrategie baut in ihrem Grundgerüst auf Rudolf Schmitts Vorschlägen zur Metaphernanalyse auf (Schmitt 2003, 1997) und besteht aus vier Schritten: 1) Ausschneiden/Sammeln, 2) Kategorisieren, 3) Abstrahieren/ Vervollständigen, 4) kontextuell Einbinden und Interpretieren. Wie aus der folgenden Grafik (Abbildung 7) ersichtlich wird, setzen die Analyseschritte maßgeblich auf der Ebene der (Wort-)Semantik an (vgl. hierzu *Kapitel III.3*). Die vier vorgestellten Arbeitsschritte sind nacheinander durchzuführen. Doch obwohl die „saubere" Trennung der Arbeitsschritte die Arbeit nachvollziehbarer macht, sollten zu jedem Zeitpunkt der Analyse Notizen gemacht werden, die eventuell interpretativer Natur sind bzw. bestimmten analytischen Schritten vorgreifen. Diese Notizen sollten rückwirkend konsultiert, überdacht und bewertet werden, was einen zirkulären Arbeitsprozess zur Konsequenz hat.

Abbildung 6   Die vier Schritte der rekonstruktiven Analyse von Metaphern

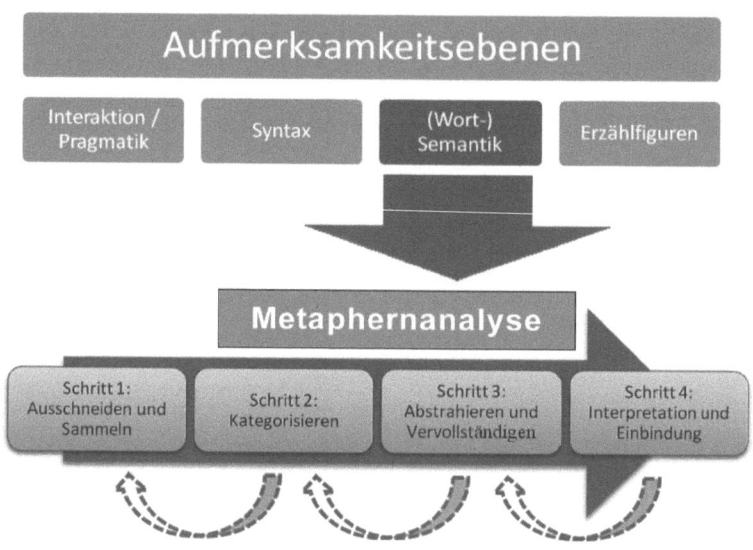

Schritt 1: Ausschneiden und Sammeln
Im ersten Schritt der Auswertung werden metaphorische Passagen gesammelt; dadurch wird ein Inventar von Metaphern angelegt. Die Metaphern können aus dem Text ausgeschnitten und in ein anderes Dokument eingefügt werden (Schmitt 2003: § 19; Schmitt 1997: § 5.2). Dies kann in einem Textverarbeitungsprogramm geschehen, aber auch mit Hilfe von Qualitative Data Analysis Software (QDA-Software, siehe *Kapitel V.2*). Wenn die Metaphern ganz aus ihrem Kontext gerissen würden, wäre es später schwierig herauszufinden, *was* die Metapher ursprünglich beschrieben hatte. Deshalb bietet es sich je nach Eindeutigkeit der Passage an, die Metapher mit ihrem Umfeld auszuschneiden, z.B.: „bei der Eizelle zu landen" anstatt „landen" (s.u.).

Was bringt es, die Metaphern auszuschneiden anstatt sie einfach zu kopieren? Dadurch, dass der Text „Löcher" bekommt, wird er verfremdet (Schmitt 1997: § 5.2). Beim erneuten Lesen des Fragments rückt der Inhalt in den Hintergrund, da er schwieriger rekonstruierbar ist. Die Verfremdung hat den Vorteil, dass „die übrigbleibenden Worte in ihrer eigenen und unter Umständen metaphorischen Gestalt deutlicher werden" (Schmitt 1997: § 5.2). Zugleich birgt die Zergliederung des Textes aber das Problem, dass die Kontextualität und Sequenzialität des Textes aufgelöst wird. Die von uns angestrebte Einbettung der Metaphernanalyse *in* ein rekonstruktives Verfahren trägt diesem Umstand Rechnung: Metaphernanalyse ist nicht alleiniges Erkennntnisinstrument, sie ist eine unter mehreren Heuristiken, deren Ergebnisse aufeinander aufbauen und einander kontrastieren (vgl. hierzu auch Schmitt 2003: §§ 29f.; Schmitt 1997: § 5.2).

Eine methodisch kontrollierte Vorgehensweise schließt mit ein, dass vor der Sammlung der Metaphern festgelegt wird, was im Folgenden als Metapher gelten soll (Schmitt 2003: §§ 13f.). Dies kann je nach Metaphernverständnis – und Forschungsvorhaben – eine engere oder weitere Definition sein. Wir hatten in *Kapitel IV.7* besprochen, dass Metaphern im Endeffekt Definitionssache sind – der Schritt der Definition muss in der Metaphernanalyse gemacht werden, damit sie nachvollziehbar und vor allem aber im Team durchführbar wird. Schmitt (2003: § 14) entscheidet sich bspw. für eine weitere Definition, die der umfassenden Metaphernsicht von Lakoff und Johnson entspricht: Er betrachtet alle Redewendungen, die mehr als nur ihre wörtliche Bedeutung tragen, und die einem („oft abstrakteren") Ziel- und einem („prägnanten") Quellbereich zugeordnet werden können (Schmitt 2000: § 14; vgl. hierzu auch Cameron 1999: 13; 20f.). Je nach Reichweite können auch andere Tropen, wie Metonymien und Personifikationen (vgl. zu letzterem Low 1999b: 222f.), mit in die Analyse aufgenommen werden – denn wie wir in den *Kapiteln IV.2* und *IV.6* gezeigt haben, haben nicht nur Metaphern übertragenen und übertragenden Gehalt (vgl. a.a.O.: 224).

Wir schlagen vor, dass Metaphernanalyse (so wie alle anderen textanalytischen Zugänge) in einer Analysegruppe durchgeführt wird (vgl. *Kapitel III.3*). Die Analysegruppe selbst soll vor allem den Konsens im Blick haben. Konkurrierende Lesarten oder Interpretationen sollen modifiziert werden, bis Übereinstimmung in der Gruppe herrscht (vgl. Lucius-Hoehne/Deppermann 2002: 322f.) So kann eine gewisse „Objektivität", genauer genommen eine *Inter*-Subjektivität hergestellt werden, die individuelle Selektionen bestmöglich eingedämmt oder zumindest kontrolliert. Die Arbeit in einer ausgewogenen Gruppe kann außerdem den Effekt einer Hypersensitivität abfedern: „[M]etaphor researchers are likely to have a heightened sensitivity to metaphors with which they have been working in the recent past. This may lead to consistently *over*-interpreting expressions [...]" (Low 1999a: 49; vgl. auch ebd. 53f.). Zwar ist es wichtig, möglichst gemeinsam auf eine Definition zu kommen. Doch innerhalb einer Analysegruppe kann es von Vorteil sein, wenn das theoretische Wissen und die Erfahrung mit einer bestimmten Methodik variieren. Dadurch kann eine gewisse Außenperspektive beibehalten werden. Metaphern können leicht übersehen werden: Sie sind oft stark konventionalisiert und fallen deshalb unter Umständen gar nicht auf, weil sie bereits zu selbstverständlich geworden sind. Eine Analysegruppe kann diese Problematik zumindest abfedern, indem sie einen Beitrag leistet im Prozess der ‚Ent-Verselbstständlichung' (vgl. Breuer 2009), auf dem alle rekonstruktiven Analyseverfahren aufbauen.

Schmitt (2003: §§ 8ff.) schlägt vor, auch die Literatur nach Metaphern zu untersuchen, und damit bereits vor der Analyse ein Inventar zu erstellen. Dies kann einerseits den Horizont der Analyse erweitern, andererseits kann es aber – wie jedes andere Vorwissen – auch selektiv beeinflussend sein, falls in der folgenden Analyse bereits nach bestimmten Metaphern „gesucht" wird.

Kommen wir zur praktischen Handhabung der Daten zurück: Bei dem folgenden Beispieltext, an dem das mikrosprachliche Vorgehen einer Metaphernanalyse illustriert werden soll, handelt es sich um einen Artikel aus dem populärwissenschaftlichen Onlineforum „Netdoktor.de".[66] Für die Analyse relevant sind in diesem Fall alle Textstellen, die mehr als ihre wörtliche Bedeutung tragen (vgl. Schmitt 2003: § 14), also neben Metaphern auch Metonymien und Personifikationen.

Der Ausgangstext …	der „zerschnittene" Rest …	und die isolierten Metaphern.
[…] Stressige Reise Damit Ei- und Samenzellen einander treffen, brauchen sie das richtige Timing. Etwa ein bis zwei Stunden benötigen die Spermien nach dem Einbringen (sic!) in die Scheide, um in den ersten Abschnitt des Eileiters zu gelangen. Von den 300 Millionen Spermien, die die vaginale Startlinie überqueren, schaffen nur etwa 200–300 die Hürden von Muttermund und Gebärmutter (Zervix und Uterus). Den Überlebenden steht jetzt noch die strapaziöse Reise durch den unendlich langen Eileiter bevor – mit vielen Hindernissen. Um letztlich bei der Eizelle zu landen, ist die Spürnase der Spermien gefragt. Denn nur mit Hilfe der chemischen Substanzen der Eizelle lässt sich ein Zusammentreffen von Spermium und Eizellen in den Weiten des Eileiters erklären. Ein zufälliges Treffen wäre sehr unwahrscheinlich, glauben die Forscher. Bereits vor etwa zehn Jahren konnten Hatt und Kollegen zeigen, dass sich im	[…] Damit, brauchen sie. Etwa ein bis zwei Stunden benötigen die Spermien nach dem in die Scheide, um in den zu gelangen. Von den 300 Millionen Spermien, die die überqueren, nur etwa 200–300 (Zervix und Uterus). Den steht jetzt noch die durch den bevor – mit. Um letztlich bei, ist die Spermien gefragt. Denn nur der Eizelle lässt sich ein in den erklären. Ein zufälliges wäre sehr unwahrscheinlich, glauben die Forscher. Bereits vor etwa zehn Jahren konnten Hatt und Kollegen zeigen, dass sich im Anfangsteil des befinden, die sich mit ähnlicher Struktur und Funktion auch in Riechzellen nachweisen ließen (Nature, 1994). Eine offene Frage blieb: Wie werden diese Kanäle aktiviert, die für die der	Stressige Reise Ei- und Samenzellen einander treffen das richtige Timing Einbringen (sic!) ersten Abschnitt des Eileiters vaginale Startlinie die Hürden von Muttermund und Gebärmutter schaffen Überlebenden strapaziöse Reise unendlich langen Eileiter vielen Hindernissen bei der Eizelle zu landen Spürnase der Spermien Zusammentreffen von Spermium und Eizellen Hilfe der chemischen Substanzen Weiten des Eileiters Treffen

---

[66] „Spermien lieben Maiglöckchenduft": http://www.netdoktor.de/Magazin/Spermien-lieben-Maigloeckchend-3893.html [Zugriff: 12/2010].

Anfangsteil des Spermienschwanzes Ionenkanäle befinden, die sich mit ähnlicher Struktur und Funktion auch in Riechzellen nachweisen ließen (Nature, 1994). Eine offene Frage blieb: Wie werden diese Kanäle aktiviert, die für die Richtungssteuerung der Spermien so entscheidend sind wie die Ruder bei einem Schiff? [...]	Spermien so entscheidend sind wie? [...]	Spermienschwanzes Richtungssteuerung die Ruder bei einem Schiff

Schmitt schlägt zu Recht vor, zunächst metaphorische Ausdrücke zu sammeln und dann erst zu interpretieren: „Die Zweiteilung in eine strikt sammelnde und eine rekonstruierende Phase unterläuft die Bereitschaft zu schnellen Interpretationen und verhindert das Stehenbleiben bei ersten schlüssigen Sprachbildern." (Schmitt 2003: § 23) Um Metaphern finden zu können, müssen sie jedoch erkannt, folglich verstanden und folglich interpretiert werden. Einige Fragen an den Text können dabei helfen, auf Metaphern aufmerksam zu werden und zu entscheiden, ob es sich um eine für die Metaphernanalyse relevante Textstelle handelt[67]:

Analysefragen Schritt 1
Was sind die Gegenstände von bildspendendem und bildempfangendem Bereich?
Inwiefern wird der bildempfangende im Licht des bildspendenden Bereichs gesehen?
Welcher Art ist die Beziehung zwischen den Bereichen? (konkret – abstrakt; physisch – nicht physisch; Personifizierung, Teil-Ganzes; siehe hierzu *Kapitel IV.5*).
Rechtfertigt die Beziehung das Ausschneiden der Stelle für die weitere Analyse?

Die Fragen sollen in diesem ersten Schritt lediglich zur Identifikation und zur Sammlung dienen; falls erste Interpretationen aus der Diskussion entstehen, sollten diese notiert werden. Die Notizen hierzu sollten dann nach der Kategorisierung in Schritt 2 nochmals durchgesehen und abgeglichen werden.

Schritt 2: Kategorisieren
Im zweiten Schritt werden die Metaphern sortiert, was eine gezieltere Interpretation der Daten darstellt. Warum aber erst jetzt Kategorien bilden? Wenn man schon beim Sortieren Kategorien einteilen würde, würde man schneller Metaphern übersehen, *weil man bereits nach diesen Kategorien sucht – oder nach Metaphern, die man schon einmal gefunden hat* (vgl. Schmitt 1997: § 5.2). Man wäre also voreingenommen und daher in gewisser Weise blind für Unerwartetes.

Die Metaphern werden nun nicht wie in der klassischen Rhetorik nach Form und Beschaffenheit sortiert: Es geht in diesem Schritt darum, die Metaphern inhaltlich, semantisch und logisch zu gliedern. Die sprachlichen Bilder werden in diesem Schritt

---

[67] Die Fragen lehnen sich an Lynne Camerons Ausführungen (1999: 13ff.) an.

nachgezeichnet und sortiert, wodurch abstraktere Kategorien entstehen, bspw. nach dem Schema „X ist Y" oder in Form von kurzen Sätzen (Propositionen).[68]

Spermien reisen.
Stressige Reise
ersten Abschnitt des Eileiters
vaginale Startlinie
strapaziöse Reise
unendlich langen Eileiter
Weiten des Eileiters

Befruchtung ist ein (sportlicher) Wettkampf.
vaginale Startlinie
das richtige Timing
die Hürden von Muttermund und Gebärmutter
vielen Hindernissen
die Überlebenden

Befruchtung ist Krieg.
Einbringen (sic!) [i.S.v. Eindringen? Ist „Einbringen" gemeint, wäre der Satz grammatikalisch falsch. Es müsste dann „nach dem Eingebrachtwerden" heißen, da ansonsten die Spermien das einbringende Satzsubjekt wären.]
die Überlebenden

Vagina ist eine (Sport)-Arena.
die Hürden von Muttermund und Gebärmutter
vielen Hindernissen
vaginale Startlinie

Spermien sind Lebewesen.
die Überlebenden; nur was lebt, kann überleben
Spürnase der Spermien; Lebewesen haben Nasen
Hilfe der chemischen Substanzen; nur Lebewesen kann man helfen, denn nur sie haben Bedürfnisse. Ein Stein hat keine Bedürfnisse, also kann man ihm auch nicht helfen.
Spermienschwanzes; Lebewesen haben Schwänze
Stressige Reise; Lebewesen empfinden Stress

Spermien sind Schiffe.
bei der Eizelle zu landen
Richtungssteuerung
die Ruder bei einem Schiff

---

[68] Gibbs (1999: 31, Herv. i. Orig.) hebt zu Recht hervor, dass Metaphern mehr sind als „simple *A is like B* or *A is B* statements". Allerdings bietet diese Form der Reduktion (und des Labelns) einen wichtigen Ausgangspunkt, um die Metaphern für die weitere Analyse zugänglich zu machen.

> **Befruchtung ist ein Treffen.**
> Zusammentreffen
> Treffen
> einander treffen

Die Kategorien können untereinander wiederum zusammenhängen oder jeweils Unter- oder Oberkategorien bilden. Solche Zusammenhänge sollten allerdings erst weiter nachgezeichnet werden, wenn alle Metaphern eingeordnet sind: Denn es ist wichtig, möglichst alle Metaphern in Kategorien zu fassen, um keine Kategorien zu übersehen (vgl. Schmitt 1997: § 5.2). Auch hier kann auf die Fragen aus Schritt 1 zurückgegriffen werden. Allerdings werden sie hier nicht vor dem Hintergrund der Identifikation, sondern vor dem Hintergrund der Kategorisierung gestellt. Hilfreich sind im Fall von ontologischen Metaphern außerdem einige Fragen, die wir direkt von Lakoff und Johnsons Ausführungen (2003: 35f.; vgl. auch *Kapitel II.5*) ableiten:

> **Analysefragen Schritt 2**
> Auf was nimmt die Metapher Bezug?
> Was wird wie quantifiziert?
> Welche Aspekte des Zielbereichs werden konturiert?
> Welche Ursachen werden identifiziert?

Die beiden letzten Fragen sind für die Kategorisierung unserer Ansicht nach notwendig, auch wenn sie bereits eine weitere Interpretationsebene berühren. Ähnlich wie bereits in Schritt 1 gilt auch hier: Die Fragen dienen der Kategorisierung. Aspekte, die über die Kategorisierung hinausreichen, sollten festgehalten und mit den Ergebnissen aus Schritt 3 abgeglichen werden.

Schritt 3: Abstrahieren und Vervollständigen
Im dritten Schritt werden die Bilder, die Kategorien ‚zu Ende gedacht' (vgl. Schmitt 2003: § 50). Durch diese Art der Rekonstruktion – Lakoff und Johnson nennen sie „metaphorische Ableitung" (vgl. *Kapitel IV.1*) – wird versucht, das herauszuarbeiten, was die Metaphern selbst nicht sagen, aber was sie implizieren. Dies bedeutet also, den Ursprungsbereich, den bildspendenden Bereich weiter zu denken und dann wieder auf den Zielbereich zu übertragen oder anzuwenden. Die Forschenden tun bewusst das, was bei der vorbewussten Verwendung von Metaphern mitschwingt – damit werden Implikationen expliziert. Durch dieses „Ausbuchstabieren" (a.a.O.) werden die Kategorien zu metaphorischen Konzepten verdichtet. Hierbei bietet es sich an, konkret nach *Teilen*, *Akteuren bzw. Akteurinnen*, *Absichten*, dem *Ablauf* und der *Kausalität* der metaphorischen Konzepte zu fragen (vgl. *Kapitel IV.2*).

Zurück zum Beispiel: Nach der ersten Einteilung kann man sich die Kategorien näher anschauen. Es zeigt sich, dass die metaphorischen Konzepte sich teilweise ergänzen oder voneinander abhängig sind: Spermien sind Lebewesen – und nur Lebewesen können reisen oder sportliche Wettkämpfe durchführen. Andererseits sind Lebewesen keine Schiffe; doch *in* Schiffen kann man reisen und sportliche Wettkämpfe durchführen. Und wenn Befruchtung einen sportlichen Wettkampf darstellt, ist das Konzept „Vagina ist eine (Sport)-Arena" eine Unterkategorie dieses Konzeptes.

Wenn Spermien wie Schiffe konzipiert werden, dann muss ihre Umgebung ein Gewässer sein; die Metapher impliziert also, dass die Vagina ein Gewässer ist. Was für eine Art von Gewässer? Ein zweiter Blick auf das Metapherninventar zeigt, dass die Teile dieses Konzepts auch in den anderen Konzepten stecken: Das weibliche Geschlechtsorgan ist „unendlich lang", es ist die Rede von den „Weiten des Eileiters". Es liegt nahe, dass die Vagina in diesem Bild das Meer ist. Das deckt sich gleichzeitig mit dem Bild, dass Spermien reisen, denn zum Reisen benötigt man einen Reiseweg. Und auch das Meer ist ein Reiseweg – für Schiffe.

Befruchtung ist eine Seereise.
Spermien sind Schiffe
Vagina ist ein Meer
Vagina ist lebensfeindlich
Eizelle ist Land
Befruchtung ist Treffen

Wenn also Spermien Schiffe sind, die auf der „ozeanesken" Vagina segeln – wohin führt sie ihre Reise? Das „Ziel" ist die Eizelle. Schiffe haben als Ziele typischer Weise Häfen oder zumindest Land. Das Inventar gibt Aufschluss: Denn die Spermien versuchen, „bei der Eizelle zu landen" – landen kann man nur an Land. Die nähere Betrachtung der Metaphern zeigt, dass Befruchtung in zweierlei Hinsicht auch als Wettkampf gedacht wird: zum einen als Kampf gegen Konkurrenten, zum anderen gegen die unwirtliche, feindliche Vagina – den Ort des Geschehens.

Befruchtung ist (Sport-)Kampf.
Spermien sind Lebewesen
Befruchtung ist Sport
Befruchtung ist Kampf

Vagina ist eine Arena.
Vagina ist lebensfeindlich

Nach Rigotti und Huizinga (Rigotti 1994: 54f.; Huizinga 1956: 90 nach Rigotti 1994: 53) bergen Sport-Metaphern in sich bereits den Kampf, da Krieg und Spiel ein ähnliches Konzept eines „geregelten" Antagonismus zugrunde liegt. Es ist daher nicht weiter verwunderlich, dass die beiden Konzepte im Beispiel so eng beieinander auftauchen. Wenn die Besatzung des Schiffes bemüht oder stark genug ist, hat sie die

Chance, sich trotz aller Widrigkeiten zu behaupten. Auch innerhalb der Schiffsmetapher wird also ein „Kampf" thematisiert bzw. zumindest impliziert: Der Kampf des Schiffes gegen die Naturgewalt, der Kampf einer schwimmenden kulturellen Enklave gegen das Chaos der Elemente. Der Metaphernkomplex „Befruchtung ist (Sport-)Kampf" ist also teilweise eine Unterkategorie des Metaphernkomplexes „Befruchtung ist eine Seereise". Die Metaphern sind nach Lakoff und Johnson kohärent (Lakoff/Johnson 2003: 56f.; vgl. auch Rigotti 1994: 52–56). Sie stehen zwar nebeneinander und beleuchten das Beschriebene in verschiedener Weise (Spermium als Lebewesen vs. Spermium als Transportmittel). Doch sie sind semantisch und inhaltlich miteinander verbunden, so dass wir das eine Konzept partiell vom anderen Konzept her verstehen können (vgl. Lakoff/Johnson 2003: 70).

Schritt 4: Interpretation und Einbindung
Die in den vorhergehenden Schritten herausgearbeitete Metaphorik wird schließlich als solche betrachtet und hinterfragt. Hilfreiche Fragen sind hierbei[69]:

Analysefragen Schritt 4
Was blendet die Metaphorik aus? (vgl. Schmitt 2003: § 41)
Welche Konnotationen, Andeutungen und konzeptuellen Voraussetzungen birgt die Metaphorik?
Können diese Konnotationen, Andeutungen und Voraussetzungen systematisiert werden?
Wo kollidieren die metaphorischen Konzepte?
Wo sind sie kohärent?
Welche Zwänge und Freiräume gehen von der Metaphorik aus?
Welche Selbstverständlichkeiten gehen von der Metaphorik aus bzw. an welche Selbstverständlichkeiten dockt die Metaphorik an?
Welche Normalitäten vermittelt die Metaphorik? Welche Ängste oder Freiräume vermittelt sie?

Im Fall unseres Arbeitsbeispiels wären das bspw. folgende Fragen und Diskussionsansätze: Warum gerade dieses Bild der Vagina und der Spermien? Liegt dieser Sichtweise der Befruchtung von vornherein eine frauenfeindliche Einstellung zugrunde? Immerhin wird die Vagina durch die Metapher als „Natur", als „Wildnis" und im Gegensatz zum „kulturtragenden" Spermium beschrieben. Man könnte hier nachhaken und fragen: Fällt es durch die Metapher leichter, negative Eigenschaften des Meeres mit der Vagina zu verbinden – die Lebensfeindlichkeit bspw., die ihr in der Metapher qua Größe und Beschaffenheit anhaften soll?[70] Und weiter: Welche Handlungsmacht

---

[69] Die Fragenkataloge in Schritt 4 stützen sich auf Steens (1999: 94) Fragenkatalog zur „pragmatic function" von Metaphern.
[70] Eine solche Sichtweise zieht sich übrigens immer wieder durch die naturwissenschaftliche Fachsprache und die Vermittlungssprache (hierzu ausführlicher Ebeling 2006; Schmitz/Schmieder 2006; Martin 1993).

(Agency, vgl. Lucius-Hoene/Deppermann 2002: 59) wird durch die Metaphorik impliziert? Die Metaphern im Text machen den für das bloße menschliche Auge unsichtbaren Prozess leichter verständlich. Doch welche denkbaren (bildlichen) Alternativen blenden sie aus? Welche Rolle der Vagina im Befruchtungsprozess wird hier hervorgehoben, welche alternativen Rollen bzw. Interpretationen sind ausgeschlossen? Werden durch die Metaphorisierung vermeintlich wissenschaftlich-objektive Forschungsergebnisse im Endeffekt durch die Brille sozial tradierter Wahrheitsbestände gesehen? Wie sehen diese Wahrheitsbestände aus? Gibt es andere Hinweise außer den metaphorischen, die Licht auf diesen Wahrheitsbestand werfen können?

Wenn Interviews oder Gruppendiskussionen ausgewertet werden, sollten die metaphorischen Ausdrücke auch wieder in die Sprechsituation (vgl. *Kapitel III.3*) eingebettet werden – der folgende Fragenkatalog ist dabei eine gute Starthilfe:

Einbettung der Metaphorik in die Entstehungssituation bzw. den Gesprächskontext
Gibt es Konflikte zwischen den metaphorischen Konzepten einzelner Sprecher/innen?
Gibt es Anhaltspunkte dafür, warum die Metapher in einer spezifischen Sprechsituation verwendet wurde?
Wird die Metapher eher ernsthaft oder scherzhaft verwendet?
Handelt es sich bei der Metapher um eine für die Sprecher/innen übliche Metapher?
Gibt es Anhaltspunkte dafür, ob und inwiefern sich die Sprecher/innen der Metaphorizität bewusst sind?
Entwickeln, erweitern, modifizieren, beleben die Sprecher/innen konventionelle Metaphoriken? (Low 1999a: 64)
Welche Funktion hat die Metapher für die Sprechenden? (vgl. Schmitt 2003: § 38)

Überprüft werden können die metaphorischen Konzepte entweder in der Analysegruppe oder indem sie mit den Sprechenden diskutiert werden (kommunikative Validierung, vgl. *Kapitel III.3*). Im Gespräch kann evaluiert werden, ob und inwiefern die Sprechenden mit der Interpretation (also dem Konzept als Ergebnis der Interpretation) übereinstimmen (hierzu Low 1999a: 51f.).

Um den Analyseweg transparent und nachvollziehbar zu machen, sollten sowohl der Ausgangstext als auch das sortierte Metapherninventar einer Arbeit beigefügt werden. Es bietet sich an, die Metaphern in einem Metapherninventar zu erläutern oder zu kommentieren. Dadurch wird leichter nachvollziehbar, warum die Metaphern auf die jeweilige Weise kategorisiert wurden. Hilfreich kann auch sein, den „zerschnittenen" Text beizulegen – die Rezipierenden können dann leichter nachvollziehen, ob Metaphern übersehen worden sind.

Die Einbindung der Ergebnisse in die Ergebnisse aus anderen Zugängen geschieht dann entsprechend des Gewichts der Metaphernanalyse im Forschungsprozess. Da wir die Metaphernanalyse nicht als eigenständige Methode, sondern als heuristisches Element eines offenen Analyseverfahrens sehen, ist der Rückbezug auf andere methodisch generierte Ergebnisse notwendig – nicht zuletzt, um der Reichhaltigkeit menschlicher Kommunikation gerecht zu werden. Die Metaphernanalyse eröffnet *einen* Blick auf die sprachlich-kommunikative Konstruktion von Wirklichkeit; sie kann eine Inhaltsanalyse unterstützen, aber auch zur Überprüfung bereits erarbeiteter Ergebnisse herangezogen werden. Je nach Forschungsinteresse kann die Metaphernanalyse auch „für sich" stehen bzw. einen breiteren Raum im Forschungsprozess einnehmen. Dann bietet es sich an, einen herausgearbeiteten Metaphernkomplex etwas näher zu beleuchten so wie dies im Praxisbeispiel zum Thema „Fehlermetaphern" (*Kapitel V.3*) getan wird. Doch bevor wir zu diesem Beispiel übergehen, möchten wir eine Möglichkeit der Metaphernanalyse mit Qualitative Data Analysis Software (QDA-Software) vorstellen.

V.2 Metaphernanalyse und QDA-Software

Falls im Zuge der Analyse Qualitative Data Analysis Software (QDA-Software) verwendet wird, bietet es sich an, diese auch bei der Metaphernanalyse mit zu verwenden. Die Verwendung von QDA-Software macht die Analyse jedoch nicht automatisch besser oder nachvollziehbarer.[71] Wir warnen außerdem ausdrücklich davor, von der Nutzung von QDA-Software – insbesondere der komplexeren kommerziellen Programme – Zeitgewinne zu erwarten (vgl. Schmieder 2009: 19f.; 65–69; Fielding/Lee 1998: 61; Lee/Fielding 1995: 38). Die in den letzten Kapiteln vorgestellte Methodik baut auf dem Computer als Arbeitsgerät auf – die Analyse ist also ohnehin „computer assisted", auch wenn man kein (kommerzielles) Programm nutzt, das dieses Label trägt (vgl. zu dieser Problematik Schmieder 2009: 89f.). Abgesehen davon unterscheidet sich die Arbeitsweise mit QDA-Software nur wenig von der Arbeitsweise des Ausschneidens und Weiterverarbeitens von Textstellen im Textverarbeitungsprogramm (vgl. hierzu auch Marsch 2007: 42).

Grundsätzlich gilt, dass die reflektierte Nutzung – und die reflektierte Nicht-Nutzung – von QDA-Software von der Methodik und den zu analysierenden Daten abhängig gemacht werden muss. Nur, weil man sich für das Arbeiten mit der Software entschieden hat, muss man nicht zwingend alle Analyseschritte mit dem Programm durchführen. Die hier vorgestellten Arbeitsschritte dienen als Beispiel, wie Software für die Analyse *funktionalisiert* werden kann. Diese Funktionalisierung sollte jedoch der eigenen Arbeitsweise und Methodik angepasst werden. Wir verwenden in diesem Beispiel die Software MAXQDA 10, jedoch lässt sich die Vorgehensweise für andere Softwarepakete adaptieren.[72]

---

[71] Einführend zur aktuellen Diskussion von QDA-Software Schmieder 2009: 11–26.
[72] Eine erste Beschreibung des möglichen Datenhandlings mit MAXQDA für die Metaphernanalyse wurde bereits von Marsch (2007) geleistet. Materialien zur Metaphernanalyse mit QDA-Software sind verfügbar unter www.squaremethodology.com.

Die für die Metaphernanalyse relevanten Textstellen können in MAXQDA „codiert" (also markiert) werden. Hierfür kann zunächst ein Code „MetaphernSAMMLUNG" erstellt werden, dem die jeweiligen Textstellen zugeordnet werden können (vgl. a.a.O.: 38).

Abbildung 7   Screenshot „Codieren"

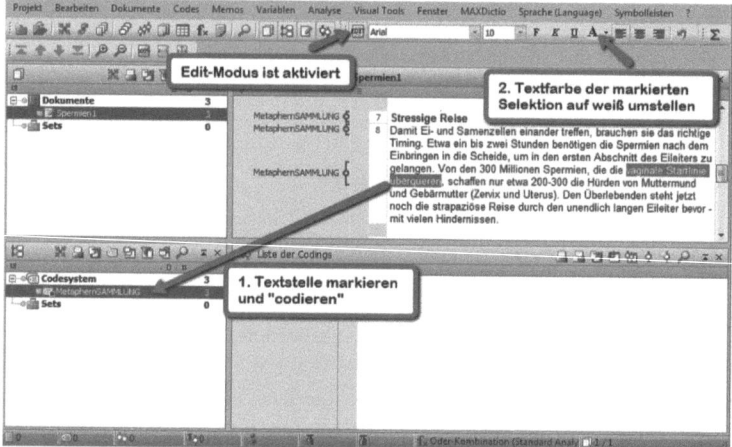

Diese Technik allein fragmentiert den Text jedoch noch nicht. Um den Text zu fragmentieren, kann die Bearbeitungsfunktion (Edit-Modus) von MAXQDA genutzt werden: Das Programm erlaubt einfache Formatierungen des Texts. Unter anderem kann der Schrift im Text eine Farbe zugewiesen werden. Die Textstellen, die mit der „Codier"-Funktion als metaphorisch markiert wurden, werden nun weiß eingefärbt, dadurch werden sie „unsichtbar", und der Text erhält die gewünschte Fragmentierung.

Abbildung 8   Screenshot „Fragmentiert"

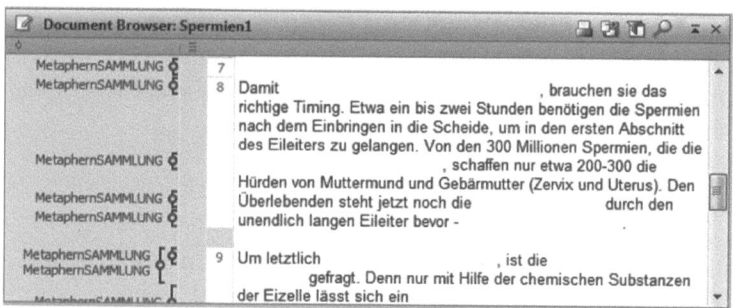

Von Vorteil ist hierbei, dass die Fragmentierung vorübergehend rückgängig gemacht werden kann: Wird der Text mit der Maus markiert, wird er blau hinterlegt, und auch die ansonsten „unsichtbaren" Textteile können wieder gelesen werden. Nach der Fragmentierung kann der Text komplett markiert werden, und es kann ihm wieder die ursprüngliche Textfarbe zugewiesen werden. Damit die Fragmentierung nachvollziehbar bleibt, sollte der Text jedoch zuvor direkt in MAXQDA kopiert und in ein im Programm neu erstelltes Dokument eingefügt werden. Diese Kopie des Textes sollte jedoch lediglich zur Dokumentation dienen und nicht zur weiteren Auswertung, da der Text sonst u.U. doppelt codiert werden müsste. Wichtig ist bei dieser Arbeitstechnik: MAXQDA verfügt lediglich im Edit-Modus über einen „Rückgängig"-Button. Sobald der Edit-Modus (oder die Projektdatei) geschlossen wird, können vorhergehende Editierungen des Textes nicht mehr rückgängig gemacht werden. Es sollte außerdem sehr aufmerksam gearbeitet werden, da der Text im Edit-Modus „verletzlich" ist: Leerzeilen und Teile des Textes können im Edit-Modus gelöscht oder verschoben werden. Es ist daher empfehlenswert, die Projektdatei vor diesem Analyseschritt zu sichern (auf USB-Stick, CD-ROM etc.).

Im zweiten Schritt werden die Metaphern kategorisiert; hierfür werden der Code „MetaphernSAMMLUNG" sowie die entsprechenden Texte „aktiviert", um sie zu durchsuchen.

Die entsprechenden Textstellen werden in der Liste der Codings angezeigt. Wenn man auf die Karteikarte neben der Textstelle klickt, springt der Dokument-Browser direkt auf diese Stelle im Text und markiert sie. Dies hat den Vorteil, dass die Fragmentierung des Textes durch die „Codierung" zu diesem Zeitpunkt abgefedert wird, da die Textstellen sowohl extrahiert als auch im Kontext gesehen werden können. Falls der gesamte Text zu diesem Zeitpunkt nicht wieder in die Ursprungsfarbe verwandelt wurde: Da MAXQDA die gefundene Textstelle blau hinterlegt, können auch Teile des Textes, die noch „unsichtbar" sind, in diesem Schritt ohne einen weiteren Klick gesehen werden. Die „Karteikarten" neben den Textstellen in der Liste der Codings können angeklickt und mit gehaltener Maustaste in neue Kategorien („X ist Y" oder kurze Propositionen) „gezogen" werden. Dies erlaubt es auch, eine Textstelle in mehrere Kategorien zu ziehen. Um zu überprüfen, ob alle Textstellen (mindestens) einer Kategorie zugewiesen wurden, kann nach der Zuweisung das Coding aus dem Sammel-Code „MetaphernSAMMLUNG" gelöscht werden. So verbleiben nur diejenigen Metaphern in der Liste, die noch nicht zugewiesen wurden. Auch hier sei wieder darauf hingewiesen, dass es in MAXQDA keine Rückgängig-Funktion gibt. Das Projekt wird nach jedem Schritt automatisch gespeichert. Sollte bspw. der Code „MetaphernSAMMLUNG" versehentlich (oder zu früh) gelöscht werden, müssten die Texte erneut nach den Textstellen durchforstet werden. Bevor im Codebaum gearbeitet wird, sollte daher eine Sicherungskopie des Projekts angelegt werden. Falls das Löschen aus dem Sammel-Code nicht erwünscht ist, kann der Textstelle mit einem Rechtsklick auf die Karteikarte ein Gewicht zugewiesen werden (z.B. ‚50'), das anzeigt, dass die Textstelle bereits eine Zuordnung gefunden hat.⁷³ Die in „MetaphernSAMMLUNG" befindlichen Textstellen können dann später nach Gewicht sortiert werden (Rechtsklick auf die weiße Fläche zwischen den Karteikarten, „Sortiert nach Gewicht").

Die Code-Liste von MAXQDA erlaubt es, Untercodes zu bilden und Textstellen zwischen den Codes zu kopieren oder zu verschieben. Ankerbeispiele, Konzeptualisierungen und Interpretationen (Schritt 2–4) können jeweils in den sogenannten „Code-Memos" festgehalten werden. Überlappungen mit anderen metaphorischen Konzepten (vgl. Marsch 2007: 41f.) oder – im Rahmen eines offenen Analyseverfahrens – vor allem Überlappungen mit inhaltlichen Kategorien oder anderen sprachlichen Phänomenen können durch die Suchfunktionen in MAXQDA schnell gefunden werden. Die Liste der Codes, die Memos, einzelne Textstellen und ganze Texte können gedruckt oder als Textdateien (im RTF-Format) exportiert werden.

Abbildung 9   Screenshot „Sicht anpassen"

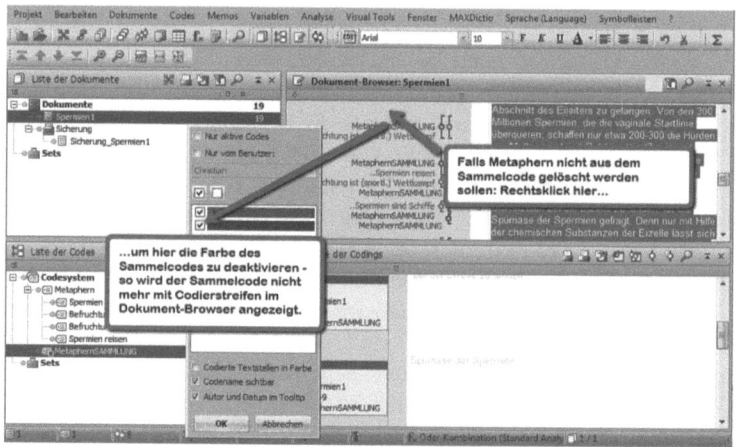

---

⁷³ Die Gewichtungsfunktion kann auch dazu genutzt werden, Ankerbeispiele oder metaphorisch „stärkere" und „schwächere" Textstellen zu unterscheiden. Siehe hierzu auch Marschs Verwendung der Gewichtungsfunktion (2007: 38).

V.3 Rekonstruktive Metaphernanalyse in der Forschungs- und Schreibpraxis – ein Beispiel

In diesem Praxisbeispiel widmen wir uns einem Textkorpus bereits qualitativ ausgewerteter theoriegenerierender Experteninterviews (vgl. Bogner/Menz 2005), die im Rahmen einer organisationskulturellen Evaluations- und Fehlerstudie (vgl. Biesel i. Vorb.) im Feld der öffentlichen Kinder- und Jugendhilfe erhoben worden sind. Durch eine interviewübergreifende metaphernanalytische Re-Analyse werden dabei die von den befragten Fachkräften aus der öffentlichen Kinder- und Jugendhilfe verwendeten *Fehlermetaphern* zu Lehrzwecken exemplarisch herausgestellt.

„Fehlermetaphern" – eine metaphernanalytische Re-Analyse theoriegenerierender Experteninterviews
Zwar fielen bereits während der Aufbereitung, Zusammenführung und Analyse der für die Evaluations- und Fehlerstudie erhobenen unterschiedlichen Daten die von den Fach- und Führungskräften genutzten metaphorischen Fehlerkonzepte auf. Sie systematisch metaphernanalytisch aufzubereiten stand bei der Umsetzung der in den Jahren 2008 und 2009 durchgeführten qualitativen Evaluations- und Fehlerstudie allerdings nicht im Vordergrund. Das ursprüngliche Ziel der Studie war es, gemeinsam mit den betroffenen Stakeholdern der an der Studie teilnehmenden Jugendämtern (n=2) im Dialog herauszufinden, wie sie mit professionellen und organisationalen Fehlern umgehen, und auf dieser Grundlage eine evaluative Einschätzung vorzunehmen.

Dabei ging es darum, gemeinsam mit sozialen Fach- und Leitungskräften, weiteren Kooperationspartnern und -partnerinnen sowie Klientinnen und Klienten anhand eines dialogisch-partizipativen Evaluationsdesigns Antworten auf folgende Forschungsfragen zu finden:

> **Forschungsfragen:**
> Welcher Umgang mit professionellen Fehlern wird in Jugendämtern, speziell im Allgemeinen Sozialen Dienst (ASD), praktiziert?
> Welche Einstellungen zu professionellen Fehlern liegen der organisationalen Praxis dort zugrunde?
> Wie lernen die sozialen Fachkräfte der ASDs, aber auch andere Jugendamtsangestellte und Organisationsmitglieder des mittleren und oberen Managements aus Fehlern?
> Inwieweit sind Jugendämter organisational überhaupt auf die Möglichkeit von professionellen Fehlern im risikoreichen Praxisfeld des Kinderschutzes eingestellt (können also als fehleroffene Organisationskulturen beschrieben werden)?

Um diese Forschungsfragen hinreichend beantworten zu können, wurde mittels freier teilnehmender Beobachtungen (vgl. Lüders 2008; Flick 2007: 281 ff.; Girtler 2001) ein erster Zugang zur Organisationskultur der Jugendämter ermöglicht (vgl.

Schein 2003). Mit Rückgriff auf diese aus der Ethnographie stammende qualitative Methode wurde das Feld explorativ erschlossen und für die Evaluation zugänglich gemacht, um wertvolle Einsichten über das innere Wesen der Jugendämter ungefiltert, d.h. in ihrem ökologischen Umfeld (vgl. Bronfenbrenner 1976), zu generieren. Diese erste Datenerhebung bildete den Reflexionshintergrund für die anschließend bzw. parallel zu den freien teilnehmenden Beobachtungen geführten und ausgewerteten theoriegenerierenden Experteninterviews (n=24) mit Fach- und Leitungskräften des Jugendamtes[74] sowie weiteren Kooperationspartnern und -partnerinnen der freigemeinnützigen Kinder- und Jugendhilfe und Klientinnen und Klienten (vgl. Bogner/ Menz 2005; zur Übersicht: Bogner/Littig/Menz 2005). Darauf aufbauend erhielten die Mitarbeiter/innen der beiden Jugendämter einen schriftlichen Evaluationsbericht, der als Grundlage für eine dialogische Rückmeldung und Aushandlung der Ergebnisse in Focusgroups (vgl. Bohnsack 2008; Flick 2007: 259ff.) diente. Im Anschluss daran wurden den Mitarbeiterinnen und Mitarbeitern der Jugendämter in Praxisworkshops die derart zusammengeführten und in Anlehnung an das Forschungsparadigma der Grounded Theory (Strauss/Corbin 1996: 78ff.) ausgewerteten qualitativen Daten abschließend zugänglich gemacht.

Im Gegensatz dazu stand bei der für dieses Einführungsbuch durchgeführten metaphorischen Re-Analyse folgende Fragestellung im Zentrum (siehe hierzu auch Schmitt 2003: § 6): *Mit welchen Metaphern beschreiben die Fach- und Führungskräfte ihre Einstellung zu Fehlern und ihren Umgang mit Fehlern?*

Methodisches Vorgehen
Im Folgenden gehen wir nun auf das methodische Vorgehen der am Material vorgenommenen metaphernanalytischen Reanalyse ein. Wir stützen uns dabei jedoch lediglich auf jene theoriegenerierenden Experteninterviews, die mit den Fach- und Führungskräften der beiden Jugendämter geführt und ausgewertet worden sind.

Die Experteninterviews lagen bereits mit Unterstützung des Analyseprogramms MAXQDA 2007 in Anlehnung an die Auswertungsstrategie der Grounded Theory offen, axial und selektiv kodiert vor (Strauss/Corbin 1996: 43ff.). Es galt nun, die analytisch aufbereiteten Interviews unabhängig von den mit der Evaluations- und Fehlerstudie verbundenen Fragestellungen für eine Metaphern-Reanalyse nutzbar zu machen. Zu diesem Zweck wurden von den insgesamt 24 erhobenen Experteninterviews jene 17 Interviews, die mit den Fach- und Führungskräften der Jugendämter geführt worden waren, mit Hilfe der bereits vorhandenen Codes und Codenotizen einer

---

[74] Für die Erhebung der Experteninterviews mit den Fach- und Führungskräften des Jugendamtes wurde ein theoriegenerierender Gesprächsleitfaden (Bogner/Menz 2005: 38f.) entwickelt, der an dieser Stelle aus Platzgründen nicht vorgestellt werden kann. Siehe hierzu Biesel (i. Vorb.). Bei der Durchführung der Experteninterviews diktierte der Leitfaden jedoch nicht den Ablauf der Gesprächssituation. Es ging viel mehr darum, explorativ und zugleich theoriegenerierende Experteninterviews zu führen (vgl. Bogner/Menz 2005: 36ff.), um das implizite Wissen – die Feldkenntnisse (vgl. Bourdieu 1997a) – der Expertinnen und Experten zu erschließen und rekonstruieren zu können.

nachträglichen Metaphernanalyse unterzogen. Bei der Metaphernanalyse waren dabei insbesondere die bereits vorliegenden *In-vivo-Codes* (a.a.O.: 50) in der Kategorie *subjektiv-professioneller Umgang mit Fehlern* wichtige Wegweiser für die Sammlung und Kategorisierung der in dem Textkorpus enthaltenen metaphorischen Konzepte. In ihnen waren nämlich bereits prägnante metaphorische Äußerungen der interviewten Personen enthalten. An dieser Stelle seien einige aus MAXQDA 2007 entnommene Kategorien veranschaulicht:

Code Bd1\Entscheidungen auf schmalen Grat

Memo: schmaler Grat = Risiko des Herunterfallens, des Taumelns, des falschen Tritts, des Stolperns; man bewegt sich balancierend, muss Entscheidungen ausbalancieren, man ist ein Artist, ein Balancierungskünstler

Belegstelle (Bd1: 4): „(...) *in der Jugendhilfe beobachte ich halt, (1) dass die Gesellschaft, die Öffentlichkeit (1) die verschiedenen Institutionen und natürlich (1) in Folge dessen auch äh die Führungsstruktur auf Fehler (.)* **immer unerbittlicher reagiert** *und äh verkennt, (.) dass die (1) Entscheidungen die da zu treffen sind, sich auf* **einem schmalen Grat abspielen** *(2) also wer zum Beispiel eine Gefährdungsabschätzung nach § 8a KJHG machen muss, (.) der geht* **einen ganz schmalen Grat.**"

Isolierte Metaphern:
verkennt, Entscheidungen treffen, auf einem schmalen Grat, einen ganz schmalen Grat

Code Bd2\zu gucken, welche Richtung zu verändern ist
Belegstelle (Bs2: 4): „*allgemein [was ihnen dazu einfällt] was mir dazu einfällt, hm na gut* Fehler *(.) Fehler was denke ich darüber (1) () und ich denke, die (2)* **die haben zwei Seiten:** *die eine Seite ist* **darauf zu gucken**, *was kann ich verändern bei einem Fehler welche,* **welche andere Richtung könnte ich gehen** *(2) ähm (1) und die bringen auch immer eine Möglichkeit (1) ja mich* **vorwärts zu bringen** *(1) (so allgemein?).*"

Isolierte Metaphern:
(Fehler) haben zwei Seiten, darauf zu gucken, andere Richtung gehen, bringen eine Möglichkeit, vorwärts zu bringen

Code Bd13\Diskrepanz zwischen erforderlicher Schreib- und Fallarbeit
Belegstelle (Bs13: 12): „*(2) Mhm, ja Fehler bemerke ich schon, also Fehler, bemerke ich ähm (.) dass die Aktenführung schwierig ist immer ähm (.) anschließend gleich äh aufzuarbeiten (1) nicht, da haben wir (.) sehr viel Nachholbedarf und, und Zeit, ist da einfach notwendig (1) das wäre zum Beispiel ein* Fehler *(...)* **ist schwer in der Sozialarbeit** *(4) nicht, weil (.)* **die schriftliche Seite im Jugendamt sehr, sehr hoch ist** *(3) nicht, die Sozialarbeit geht da so ein bisschen zurück*

> *(2) das ist auch ein Fehler so (1) also mit dem Klienten zu arbeiten (2) nicht, und **Fortschritte** zu erreichen zu (3) oder die Fallzeit muss kleiner sein, damit man das erreicht (2) **dass das so (2) miteinander läuft** eben t- (.)"*
>
> **Isolierte Metaphern:**
> Fehler (…) ist schwer in der Sozialarbeit, die schriftliche Seite im Jugendamt sehr, sehr hoch ist, Sozialarbeit geht da so ein bisschen zurück, Fortschritte, Fortschritte

Zu den Kategorien *teambezogener, intra- und interorganisationaler* wie auch *klientenbezogener Umgang mit Fehlern* wurde indes aufgrund der mit der Metaphernanalyse verbundenen Fragestellung keine gesonderte Untersuchung vorgenommen. Wenngleich auch in diesen Themenfeldern metaphorische Konzepte vorkommen, welche die Einstellung und den Umgang der Fach- und Führungskräfte mit Fehlern eindrucksvoll schildern.

Die Durchführung einer (rekonstruktiven) Metaphernanalyse ist auch in einem bereits vorausgewerteten Textkorpus möglich. Es besteht jedoch die Gefahr, dass die Entstehungs- und Kontextbedingungen des Interviews und eventuell abwegig erscheinende metaphorische Konzepte oder andere sprachliche Phänomene nicht hinlänglich Beachtung finden. Für das vorliegende Praxisbeispiel musste aus zeitlichen Gründen auf eine umfängliche und systematische rekonstruktive Vorgehensweise des gesamten Interviewmaterials verzichtet werden. Stattdessen wurde methodisch dergestalt weiter vorgegangen:

Schritt 1: Ausschneiden und Sammeln
Erstens wurden in den vorausgewerteten Experteninterviews die im Themenfeld *subjektiv-professioneller Umgang mit Fehlern* vorkommenden Metaphern nachträglich mit einer gesonderten Farbgebung und Codierung in MAXQDA 2007 markiert bzw. im Wechsel „handwerklich" text- und computerbasiert ausgeschnitten und gesammelt. Die derart isolierten Metaphern wurden dann in ein gesondertes Dokument übertragen und isoliert aufgelistet.

> **Eine Auswahl der isolierten Metaphern im Überblick:**
> **(Bs2):** andere Richtung gehen; vorwärts bringen; läuft nicht so richtig; mein Weg oder Anfang; so in tausend Ecken; irgendwie zu verbiegen; mich verbiegen; Verlauf; an der Stelle; wenn ich da hinten stehe; an der Stelle; da vorne stehe; an welcher Stelle; Hilfe läuft nicht so richtig; gegen den Baum laufen.
> **(Bs3):** nicht richtig gelaufen; mit behaftet; wäre es besser gelaufen; um weiter zu kommen; und dann geht es weiter; muss man weiter gucken; eine andere Richtung gucken; etwas übersieht; keinen richtigen Weg; an jeder Ecke; nachgehen; wenn ich diese Richtung gehe.

(Bs5): ein Stück Unebenheit; danach orientiert man sich; so in eine Schublade steckt; ich orientiere mich an meinen Kollegen; nur orientieren; dass da was runterfällt.
(Bs6): was richtig gelaufen ist; Ziele eingetreten oder nicht eintreten, vielleicht nicht greifen; zu der Stabilisierung beitragen; Strategien, die nicht greifen; nicht greifen einer Hilfe; dass ich fachlich falsch herangehe; zu schnell in die negative Bahn Sichtweise rutsch; wenn man an Grenzen kommt, wo man nicht weiterkommt.
(Bs8): es bewegt mich; abwägen; das Ganze kippt; zu einer Stabilisierung beitragen; falsch gelaufen; so eine grundsätzliche Richtung.
(Bs10): auf dem Weg dahin; um selbst zu reifen; schwer das auch anzunehmen; es anzunehmen; am Anfang; mittendrin; oder am Ende; wenn man jemand anderes drauf stößt.
(Bs11): da läuft was schief; wie das gelaufen ist; ob das gut gelaufen ist; also könnte auch schief laufen.
(Bs13): dazu stehen; ich ganz viele Bauchschmerzen habe; dieses Bauchgefühl; das Gefühl nicht so mitgehen kann.
(Bs14): so anbieten.
(Bd1): schief gelaufen; auf die Reihe kriegen; auf einem schmalen Grat.
(Bd2): eine Handlung; die Folgen hat in eine Richtung; was ganz anderes erreichen; man erfährt leibhaftig; mit auf den Weg bekommen; so ihren Weg gehen; gehandhabt; daneben; sofort spüren; nicht einbezieht; was überstülpt.
(Bd3): dazu stehen; vertreten; stehe ich dazu oder stehe ich nicht mehr dazu; zu stehen; weitergeht; rückwärts entwickelt; so gelaufen; eine Entwicklung; ob man das Gefühl hat, was läuft; Tendenz mich erst einmal zu wehren; einzugestehen; wenn ich sie einsehe.
(Bd4): anders läuft; sich zu erkundigen; antrainiert; stehe ich so dazu; zu Fehlern stehen; andere Richtung eingeschlagen worden ist.
(Bd5): Prozesse laufen dann irgendwie aus dem Ruder; Hilfen reingesteckt, die entwickeln sich ganz anders; zu forsch oder schnell in Beratungen vorgehen; oft Wochen und Monate lang schwanger, bist du es wieder behoben kriegst; man kommt nicht rein; wird angefrontet; es wird zugemacht; läuft was schief; auf dem falschen Dampfer; neu anzusetzen; drin zu bleiben; auszuhalten; ausgeglichenen Zustand zu kommen.
(Bd7): es geht nicht anders; das geht mir nach; ungutes Gefühl im Bauch; günstiger es kurz sacken zu lassen als sofort loszustürmen, also auf den Zug von Klienten aufzuspringen.
(Bd10): Schuld von sich weisen; vertreten; sich dazu stellen; auch reiben; abzuwägen; abzugleichen; schwimmen; mehr so tauchen; Luft kriegen; wo ich schwimmen konnte; Boden unter die Füße; ganz gut Boden unter die Füße; festen Stand; seinen eigenen Weg da so gehen; Störungen, Stoppzeichen von anderen.

Schritt 2: Kategorisieren
Schließlich wurden die auf diese Weise gesammelten Metaphern kategorisiert und einzelnen Themenbereichen zugeordnet.[75] Bei der Erarbeitung der Kategorien fiel auf, dass Fehler von der Mehrheit der interviewten Fach- und Führungskräfte als ungeplante Reisen metaphorisch konzeptualisiert werden; daneben zeigte sich aber auch, dass Fehler ungute Bauchgefühle auslösen bzw. als destabilisierende Anklagen erlebt werden, dass einzelne Interviewte sogar mit ihnen schwanger sind.

Fehler sind ungeplante Reisen.
Prozesse laufen dann irgendwie aus dem Ruder
auf dem falschen Dampfer
keinen richtigen Weg
an jeder Ecke
nachgehen
wenn ich diese Richtung gehe.
andere Richtung gehen
vorwärts bringen
läuft nicht so richtig
mein Weg oder Anfang
so in tausend Ecken
auf den Zug von Klienten aufspringen

Fehler sind ungute Bauchgefühle.
ungutes Gefühl im Bauch
ob man das Gefühl hat, was läuft
ich ganz viele Bauchschmerzen habe
dieses Bauchgefühl
Fehler sind ungeborene Kinder.
oft Wochen und Monate lang schwanger

Fehler sind destabilisierende Anklagen.
schwer das auch anzunehmen, es anzunehmen
dazu stehen
vertreten
stehe ich dazu oder stehe ich nicht mehr dazu
zu stehen
Schuld von sich weisen
vertreten
sich dazu stellen
auch reiben

---

[75] Aus Platzgründen haben wir nicht alle Metaphern vollständig kategorisiert.

Schritt 3: Abstrahieren und Vervollständigen
Zur Illustration werden wir uns in den nächsten beiden Schritten auf die Reisemetaphern im Textkorpus konzentrieren. Fehler werden von den Sprechern bzw. Sprecherinnen als ungeplante und unkontrollierte Reisen beschrieben. Die Vervollständigung und Abstraktion der Metapher wirft ein Licht auf die Konsequenz von Fehlern: Wenn man einen Fehler macht, reist man an einen Ort, an dem man nicht sein will. Dieses „an einen falschen Ort Reisen" wird jedoch teilweise als ein Herumirren in einer unbequemen, undurchsichtigen Umwelt konzeptualisiert. In diesem Bildkomplex ist die misslungene Reise eher ein ermüdender Fußmarsch. Das Reisen zu Fuß (und damit eine sehr individuelle Reiseform) wird auch mit den Wegmetaphern (im Gegensatz zu Straßen- oder Autobahnmetaphern) impliziert. Abstrahieren wir nun, was ein „Weg" ist. Ein Weg ist etwas, das vor unserer Reise bereits existieren muss, und das von anderen Menschen geschaffen worden ist. Ein Weg impliziert (kulturellhistorisch gesehen), dass der Weg von Menschen geplant und auch begangen wird. Dies wiederum impliziert Sicherheit. Vom Weg abzukommen impliziert im Umkehrschluss, dass man von den Erfahrungswerten und den von anderen Menschen erfolgreich getroffenen Entscheidungen abgekoppelt wird und sich folglich nicht auf die Erfahrungen anderer stützen kann. Doch nicht nur das Reisen zu Fuß wird konzeptualisiert, sondern auch das Nutzen von Verkehrsmitteln. Auf einer Seereise („Prozesse laufen dann irgendwie aus dem Ruder", „auf dem falschen Dampfer") und einer Zugreise („auf den Zug von Klienten aufspringen") kann man nicht einfach aussteigen, und eine einzelne Person kann ohne Autorisierung weder ein Schiff noch einen Zug einfach anhalten. Mehr noch: Ein Schiff benötigt sogar einen Hafen, ansonsten ist es gar nicht möglich zu landen. Ein Zug hingegen benötigt Gleise, was ihn auf streng vorgeplante Bahnen zwingt.

Schritt 4: Interpretation und Einbindung
Abschließend wurden die metaphorischen Konzepte – *Fehlermetaphern* – auf ihren Bedeutungsgehalt hin hinterfragt und für eine knappe und Veranschaulichungszwecken dienende Ergebnisinterpretation aufbereitet:

Die meisten Fachkräfte beschreiben, dass sie Fehler in ihrer Arbeit erst dann bemerken, wenn eine erzieherische Hilfe in eine falsche Richtung läuft. Im übertragenen Sinne geht es in ihrer Praxis also darum, ein Hilfeziel ohne unnötige Umwege zu erreichen. Dafür müssen sie eigentlich von Beginn an bis zum Ende ihrer Reise genaue Ortskenntnisse haben, um wissen zu können, welcher Weg sie am schnellsten zu ihrem Ziel führt. Zumeist kennen die Fachkräfte in ihrer Praxis aber nicht das Ziel ihrer Reise. Sie müssen darum immer wieder Umwege in Kauf nehmen und andere Richtungen in den Blick nehmen, um nicht schon frühzeitig auf unüberwindbare Grenzen zu stoßen oder in Sackgassen zu geraten. In dem von ihnen geschilderten Umgang mit Fehlern geht es demnach um die Fähigkeit, sich auf einer Reise mit unbekanntem Ziel zurechtfinden zu können, ohne dabei die Orientierung zu verlieren. Denn auf jeder ihrer Reisen besteht die Gefahr, dass sie zu lange in eine falsche

Richtung bzw. gegen Hindernisse laufen. Im Gegensatz zum Konzept des „selbst Laufens" rücken die oben beschriebenen Transportmittel-Metaphern eine eingeschränkte Handlungs- und Entscheidungsmacht in den Vordergrund. Das Bild der Zugreise treibt einen Aspekt der Wegmetapher auf die Spitze: den des vorgeplanten Wegs. Im Fall der Zugreise schwingt die Sicherheit des vorgeplanten Wegs um in eine Fremdbestimmung. Man kann nicht aussteigen, ein einzelnes Individuum kann den Zug nicht anhalten. Sobald man auf einen bestimmten Zug aufgesprungen (oder auf einen bestimmten ‚Dampfer' gestiegen) ist, ist man der Route des Transportmittels ausgeliefert.

Während die Fußreise-Metaphern also eher ein Verirren in der Wildnis, d.h. ein „Fern von Menschen Sein" konzeptualisieren, implizieren die Transportmittel-Metaphern, dass man anderen Menschen und deren Entscheidungen ausgeliefert ist. Diese Spannung innerhalb einer bestimmten Metaphorik könnte zeigen, dass eine ungeplante Reise (= Fehler) entsteht, wenn keine Balance zwischen Erfahrungswerten (z.B. eben *durch* Beratung) und Fremdbestimmung gehalten wird. Diese Balance bezieht sich nicht nur auf die Klienten und Klientinnen, sondern auch auf die Fachkräfte selbst. Da sie ihre Reise nicht alleine antreten, sondern gemeinsam mit ihren Klientinnen und Klienten, müssen sie darauf achten, dass sie nicht sofort „*auf den Zug von Klienten aufzuspringen*" (Bd7: 16) bzw. ihnen die „*Prozesse [nicht] dann irgendwie aus dem Ruder (...) laufen*" (Bd5: 10). In ihrer Arbeit geht es demnach immer um die gemeinsame Planung und Durchführung einer Reise, bei der Fehler aufgrund von *Orientierungs-, Steuerungs- und Geschwindigkeitsproblemen* entstehen. Immer geht es darum, mit den Klientinnen und Klienten Schritt zu halten, Absprachen über gemeinsam zu verantwortende Richtungs- und Tempowechsel zu treffen, um nicht der Gefahr ausgeliefert zu sein, auf einer unbekannten Reise vom Weg abzukommen. Und wer sich auf eine solche Abenteuerreise einlässt, muss sich auf seine Weggefährten und -gefährtinnen verlassen können. Denn wenn man schon nicht den Weg zum Ziel kennt, benötigt man immer wieder jene Mitreisenden, die einen daran hindern, vom Weg abzukommen:

> „seine eigenen Wege da so zu gehen und äh die weiter verfolgen (.) in dem Gefühl, das richtige zu tun, gut zu sein und äh, da finde ich, braucht es dann eben (.) auch Störungen und, und (1) und Stoppzeichen von anderen" (Bd10: 12).

Auch hier zeigt sich wieder wie bei der Besprechung des Wegkonzepts, wie wichtig der Erfahrungswert „nicht allein sein" zu sein scheint. Fehler entstehen aus dieser Sichtweise heraus, wenn man als Fachkraft es nicht versteht, sowohl Kolleginnen und Kollegen als auch Klientinnen und Klienten als wichtige Orientierungsgeber/innen zu nutzen und sich auf eine Reise mit offenen Zielen und dadurch mit unnötigen Umwegen zugleich begibt. Eine Fachkraft führt hierzu aus:

> „im Grunde geht es immer darum, äh ähm das ich denke, so würde ich jetzt nicht beraten, oder so (.) ja wenn ich das mal mitbekomme also da hätte ich jetzt nicht so interveniert oder diese (.) äh also ich finde zum Beispiel, was mir oft fehlt ist, das äh (.) bei einigen Kollegen (.) äh zu sehr mit so einem Haltungen <u>dran gegangen</u> wird, wir wissen jetzt <u>wo es hier lang geht</u> (.)und ähm (.) ja (.) zu wenig Neutralität da ist oder das äh zu wenig ähm alle Akteure einbezogen werden" (Bd5: 22).

Wenn man dieses metaphorische Konzept des miteinander Verreisens weiter verfolgt, sind Fehler demzufolge *ungewollte Umwege auf unbekannten Reisen*, die dadurch entstehen, dass Richtungs- und Zielhinweise von anderen an der Reise beteiligten Personen nicht ernst genug genommen werden bzw. es nicht klar ist, wer wann aus welchem Grund die Reise offiziell anführt. Fehler haben darum:

> „zwei Seiten: die eine Seite ist darauf zu gucken, was kann ich verändern bei einem Fehler, welche, welche <u>andere Richtung könnte ich gehen</u> (2) ähm (1) und die bringen auch immer eine Möglichkeit, (1) <u>ja mich vorwärts zu bringen</u> (1) (so allgemein?" (Bs2: 4).

Es geht also in der Praxis der interviewten Mitarbeiter/innen des ASD um die Notwendigkeit des gemeinsamen Vorwärtskommens, um die Suche nach noch nicht erschlossenen und erprobten Wegen der Hilfegestaltung. Ein Fehler ist deshalb auch:

> „<u>ein Stück Unebenheit</u> hat oder irgendetwas was einem auffällt was (.) nicht richtig na ja richtig ist auch schon wieder eine Wertung das ist auf jeden Fall irgendetwas mit Bewertung weil irgendjemand legt die <u>Norm</u> fest und danach <u>orientiert</u> man sich" (Bs5: 4).

Anders ausgedrückt: Ohne eine Vorstellung darüber, welche Verkehrsregeln man bei seiner Reise zu beachten hat, also mit welchen Verkehrsmitteln und welchem Tempo man seinen Weg zurücklegen kann, können Fehler nicht erkannt und korrigiert werden. Es müssen Normen – im Sinne allgemeingültiger Verkehrszeichen – vorhanden sein, an denen man sich während der Reise orientierten kann.
   Aufbauend auf diesem metaphorischen Konzept entstehen Fehler auch, weil die Fachkräfte es noch nicht gelernt haben, das für sie rettende Praxisufer zu erreichen. In ihrer Arbeit geht es nämlich um die Aneignung und den Aufbau von theoriebasiertem Erfahrungswissen, um ein darauf beruhendes *Fehlerwissen*:

> „also wenn ich jetzt hier auf diese berufliche <u>Laufbahn</u> im ASD zurückgucke, (.) dann denke ich, war das so äh (.) dass das, also, ich hier angefangen habe (.) am Anfang ein <u>großes</u>

```
schwimmen, war also mehr so tauchen äh und dann war ich froh
über die Momente anfangs wo ich auch mal Luft kriegen
(.) und dann wo ich schwimmen konnte und dann habe ich irgend-
wann Boden unter die Füße gekriegt und Sicherheit gewonnen (...)
und habe bald äh (.) für mein Gefühl äh ganz guten Boden unter
den Füßen (.) also fühle mich nicht so wackelig äh oder, oder
hilflos oder (1) auch nicht gefährdet (1) ich habe einen festen
Stand" (Bd10: 10).
```

Das hier geschilderte *metaphorische Konzept einer gefährlichen Seereise*[76] klingt auch in allen anderen Interviews an (vgl. hierzu das vorausgegangene Kapitel). Die Fachkräfte schildern dabei, wie wichtig es für sie ist, zu ihren Fehler stehen zu können. Dafür müssen sie jedoch einschätzen können, ob eine ihrer Handlungen von anderen zu Recht oder zu Unrecht als Fehler herausgestellt worden ist. Und um diese Einschätzung vornehmen zu können, brauchen sie Boden unter den Füßen – *einen sicheren Stand*. Denn ihre Fehlereinschätzungen beruhen zumeist auf den von ihnen während ihrer Berufsausübung erworbenen Praxiserfahrungen. Es ist von daher nicht überraschend, dass viele Fachkräfte ihre Fehler zunächst einsehen müssen, um aus diesen lernen zu können. Und wer zu stark damit beschäftigt ist, sein eigenes Überleben zu sichern – sprich Schwimmen zu lernen –, hat bspw. keine Augen und Ohren dafür offen, um die Orientierungs- und Zielangaben sowohl seiner Kolleginnen und Kollegen als auch der Klientinnen und Klienten wahrzunehmen. Zu groß ist nämlich das Risiko beim Erlernen des `„großen Schwimmens, also mehr so tauchen"`, vorschnell unterzugehen, sein eigenes Leben zu gefährden. Das heißt erst wenn man es als Fachkraft gelernt hat, im Meer der Praxis sicher zu schwimmen, ist man auch dazu in der Lage, bewusster auf seine Fehler zu achten.

Eine weiterführende Interpretation kann mit François Julliens (2006) aus der chinesischen Tradition stammenden Verständnis von Wirksamkeit und Effizienz vorgenommen werden. Dabei würde dann nicht die Erreichung eines aufeinander abgestimmten Hilfeziels auf einer unbekannten bzw. gefährlichen Seereise im Vordergrund stehen, sondern *ein situatives Surfen auf der jeweilig günstig erscheinenden Welle* bzw. ein gemeinsames Treiben bzw. Laufenlassen – auf einem Weg, der nicht „zu etwas hinführt", sondern „auf dem etwas geschieht, auf dem etwas möglich oder gangbar ist" (Jullien 2006: 77f.).

Fazit

Die metaphernanalytische Reanalyse zeigte, dass es den Fachkräften nicht immer leicht fällt, Fehler als Normalität ihrer Praxis offen und dankbar anzunehmen. Denn Fehler macht niemand gern, zumal, wenn sie – wie bei den Mitarbeiterinnen und

---

[76] Wolfgang Bonß (1995: 159) verweist in seinem Band zur historischen Herausbildung des Risikokonzepts nicht von ungefähr darauf, dass „der Seehandel zum Vorreiter der modernen Versicherung wurde."

Mitarbeitern aus der öffentlichen Kinder- und Jugendhilfe – durch eine Verkettung ungünstiger gesellschaftlicher, familialer und organisationaler Umstände zu Gefährdungen von Kindern beitragen können.

Aus Fehlern zu lernen, die letztlich nicht begangen werden dürfen, stellt deshalb jenes „*Sicherheitsparadoxon*" dar, mit dem wir uns als Menschen schon früh auseinandersetzen mussten: Bereits als Kinder haben wir gelernt, dass es darauf ankommt, in Stress- und Prüfungssituation fehlerfrei zu sein. Dabei stand jedoch gerade nicht das Lernen aus Fehlern im Vordergrund, sondern die Devise war i.d.R. eine andere, nämlich entweder Fehler zu vermeiden oder sie auszumerzen. Die Fehlermetaphern weisen genau auf diesen Umstand hin; wer verreist und dabei auf den falschen Zug aufspringt bzw. den falschen Dampfer erwischt, läuft Gefahr orientierungslos zu werden. In der Fremde droht dann die Isolation – ein Gefühl der Hilflosigkeit. Und wer nicht mehr weiß, wie er nach Hause findet, gerät in Panik. Diese Panik wiederum, und das deutet die Bauchwehmetaphorik an, führt zu Verdauungsproblemen. Fehler lösen demnach psychischen und physischen Disstress aus; sie erzeugen einen leibhaftig erfahrbaren Schmerz (vgl. Oser/Spychiger 2005).

Zwar gehören Fehler zum Leben dazu. Sie sind aber bis heute insbesondere in den westlich geprägten Industrieländern ein öffentlicher Beweis dafür, dass man persönlich gescheitert ist (vgl. Osten 2008). Ob Menschen demnach aus ihren Fehlern lernen oder als unzumutbare emotionale Belastung empfinden, hängt davon ab, inwieweit sie fehlerfeindlich bzw. fehleroffen erzogen worden sind. Der gesellschaftliche (und damit auch der metaphorische) Kontext hat darauf einen nicht unwesentlichen Einfluss.

Mit Hilfe der Metaphernanalyse kann eindrucksvoll nachgewiesen werden, welche *Konzepte* Menschen zu ihren Fehlern haben. Die Untersuchung von Metaphern im Kontext der Fehlerstudie legt damit verbundene Vorannahmen, Rollenverteilungen und letztendlich Lösungsstrategien offen, die im Fall des Projektbeispiels unterstützend und kontrastierend ins Verhältnis mit der Primäranalyse gesetzt werden konnten.

VI Ausblick: Texte eröffnen und (metaphorischen) Sinn erschließen

Es gibt etliche Verfahren in der interpretativen Sozialforschung, die als *Schlüssel* zum Eröffnen von Texten und zum Erschließen von Sinn genutzt werden können. *Einen* Schlüssel hierfür haben wir angeboten – die Metaphernanalyse. Aber: Es gibt auch andere Schlüssel – und diese sind im Prinzip Instrumente, die verschiedene Perspektiven auf den Text eröffnen. Der Analysegegenstand ist bei allen methodischen Verfahren der gleiche: nämlich sprachlich-kommunikativ konstruierter Sinn. Somit müssen sich alle Schlüssel sprachwissenschaftlich positionieren und sich auf semiotische Grundlagen beziehen. Die Inhaltsanalyse fokussiert z.B. auf die Ebene der Semantik – allerdings in einem ganz anderen Sinne als bspw. die Metaphernanalyse (vgl. *Kapitel I.1.4*). Die Positioning-Analyse fokussiert vor allem auf die Ebene der Pragmatik (vgl. Korobov 2001), die ethnomethodologische Konversationsanalyse u.E. insbesondere Pragmatik und Syntax (vgl. Bergmann 1988). Das große Problem vieler Analyseverfahren besteht jedoch im Prinzip darin, dass sie sprachwissenschaftlich „unterbelichtet" bzw. „unscharf" sind: Sie beleuchten entweder zu selektiv nur bestimmte sprachlich-kommunikative Phänomene, oder sie weisen ihren analytischen Fokus an den sprachlichen Daten gar nicht aus, verfolgen oftmals eine im Dunkeln bleibende, intuitiv-linguistische Sinnauslegung, die alltags- und erfahrungsbasiert ist.

Wir vertreten dagegen die Position, dass sämtliche Zugänge zu textuellen Phänomenen sprachlich-kommunikativ sein müssen. Hierfür haben wir in unserem Buch grundlegend die Notwendigkeit verdeutlicht, dass man im rekonstruktiven Analyseprozess *verschiedene* Perspektiven gegenüber den Daten einnehmen können muss. Dies macht eine integrative Basierung notwendig – den *Schlüsselring*. Das handwerkliche Geschick besteht nicht nur in der reproduktiven Anwendung *einer* Methode, d.h. *eines* Schlüssels, sondern in der Erschließung des Textes durch die jeweils gegenstandsbezogene Auswahl möglicher Zugänge. Dies bedeutet: In der Analyse von qualitativen Daten muss man sich am Text stets die Frage stellen, welche Schlüssel (am Schlüsselbund) für welche Segmente des Textes herangezogen werden müssen, um den textuellen Sinn eröffnen bzw. erschließen zu können. Dies wird durch das in diesem Buch vorgestellte integrative Basisverfahren (*Kapitel I.3*) ermöglicht, welches (als Schlüsselring) seine Stärke darin hat, dass es Interpretierende im rekonstruktiven Analyseprozess für sprachlich-kommunikative Phänomene sensibilisiert (vgl. Helfferich/Kruse 2007), um so die ‚Autonomie des Textes' (vgl. Lucius-Hoene/Deppermann 2002) zu respektieren. Die Metaphernanalyse ist in diesem offen angelegten rekonstruktiven Analyseprozess dann ein sehr bedeutsamer Schlüssel, um spezifische sprachlich-kommunikative Phänomene systematisch zu erschließen.

Wir sprechen von „eröffnen" und „erschließen" – Metaphern, welche die räumliche Prozesshaftigkeit der Sinnkonstitution und Sinnrekonstruktion konzeptualisieren. „Eröffnen" öffnet einen Raum – im „Erschließen" steckt das „Abschließen" eines Raumes. Genau dieser epistemologischen Dualität muss man sich im rekonstruktiven Analyseprozess bewusst sein. Alle sprachlich-kommunikativen Sinnstrukturen in den zu analysierenden Texten werden damit auch geschlossen, je nachdem, welcher Schlüssel zum Eröffnen des Textes verwendet wird. Jedoch strukturiert diese epistemologische Dualität bereits die Erhebungssituation der Daten (vgl. Helfferich 2005). Es wäre also reichlich verspätet, diese Grundbedingung erst für den Analyseprozess zu reflektieren und zu beachten.

Mit den Ausführungen in unserem Buch wollen wir somit einerseits betonen, dass die methodische Kompetenz, textuelle Daten zu analysieren, weder mit einer *einzigen* Methode noch anhand eines *einzelnen* Methodenlehrbuches (unserem eingeschlossen!) erlernt werden kann. Wir möchten andererseits aber betonen, dass die rekonstruktive Analyse sprachlich-kommunikativ konstruierten Sinns weder ein „Kunsthandwerk" darstellt, noch die blinde Anwendung eines „Hammers" (vgl. Reichertz 2008) bedeutet – mit dem man sicherlich einige Schlösser aufknacken kann. In diesem Zusammenhang sei nochmals darauf hingewiesen, dass Methoden keine Werkzeuge sind, die automatisch oder mechanistisch angewendet werden können. Analysemethoden sind aber auch keine Kunstformen, sondern handwerkliche Techniken (siehe hierzu auch Sennett 2008). Die handwerkliche Basierung dieses Einsatzes muss erlernt werden. Die rekonstruktive Analyse sprachlich-kommunikativ konstruierten Sinns beruht somit gerade auch auf handwerklichem Erfahrungswissen. Analyseverfahren sind komplexe Strategien, die in Relation zu anderen Vorgehensweisen und Erfahrungen in der Textanalyse gesetzt werden müssen. Jede Methode stellt dabei wiederum eine Komplexitätsreduktion des Gegenstandes dar, und mit dieser Reduktion muss sich jedes Verfahren kritisch auseinandersetzen.

An unserem Ansatz kann berechtigte Kritik geübt werden. Unsere Schlüssel-Metapher deckt zugleich die Schwächen bzw. Problematiken unseres methodischen Zugangs auf: So kann unserem Ansatz sicherlich ein instrumentalisierendes Passungs-Verständnis („Schlüssel-Schloss-Prinzip") vorgeworfen werden. Auch kann kritisiert werden, dass die Transparenz und Intersubjektivität sowie die methodische Kontrolle bei der im Prinzip zeitgleichen Anwendung verschiedener Analyseverfahren verloren gehen. Wir weisen deshalb darauf hin, dass bei der Anwendung des „Schlüsselbundes" sich dieser nicht zu einem „Zauberbund" verwandeln darf. Die einzelnen methodischen Verfahren müssen darum gezielt verfolgt und am Text begründet werden; mit dem ‚Schlüsselbund zu klimpern' eröffnet keine Texte.

Unser Ansatz beruht im Prinzip auf einem „spezialisierten Generalismus". Dieser provoziert einerseits Omnipotenz-Fantasien. Er kann andererseits aber auch Überforderung und Ohnmachtsgefühle auslösen. Diese können gerade daraus resultieren, dass im Vordergrund nicht eine *Beherrschung* des Verfahrens steht. Wir betonen die Erfordernis einer stetigen Erweiterung und Verfeinerung des analytischen Schlüsselbundes, um den Sinn von Texten offen erschließen zu können. Die Metaphernanalyse ist in diesem Prozess *ein* mächtiger Schlüssel.

VII Literatur

Adams, David (1991): Metaphors for Mankind: The Development of Hans Blumenberg's Anthropological Metaphorology. In: Journal of the History of Ideas, 52(1) (Jan.–Mar. 1991). S. 152–166.
Arbeitsgruppe Bielefelder Soziologen (Hg.) (1973): Alltagswissen, Interaktion und gesellschaftliche Wirklichkeit. 2 Bände. Reinbek bei Hamburg.
Aristoteles (2008): Poetik. Übersetzt und erläutert von Arbogast Schmitt. Berlin. (= Aristoteles: Werke in deutscher Übersetzung. Begründet von Ernst Gumbach, herausgegeben von Hellmut Flashar, Band 5).
Asmuth, Bernhard/Berg-Ehlers, Luise (1974): Stilistik. Düsseldorf. (= Reihe Grundstudium Literaturwissenschaft. Hochschuldidaktische Arbeitsmaterialien, Band 50).
Auer, Peter (1999): Sprachliche Interaktion. Eine Einführung anhand von 22 Klassikern. Tübingen.
Austin, John L. (1961): A Plea for Excuses. In: ders. (1961): Philosophical Papers. Oxford. S. 175–204.
Bentele, Günter/Bystrina, Ivan (1987): Semiotik. Stuttgart.
Bergmann, Jörg R. (1988): Ethnomethodologie und Konversationsanalyse. Studienbrief 000315613 (11.88) der Fernuniversität – Gesamthochschule – in Hagen, Fachbereich Erziehungs-, Sozial und Geisteswissenschaften, Kurseinheit 1 bis 3, FernUniversität Hagen.
Biesel, Kay (i. Vorb.): Soziale Organisationen und ihre Fehler. Diskurse. Konzepte. Forschung. Dissertationsschrift zur Erlangung des akademischen Grades des Dr. phil. am Fachbereich Politik- und Sozialwissenschaften der Freien Universität Berlin.
Black, Marx: (1962a): Models and Metaphors. Ithaca.
Black, Marx (1962b): Models and Archetypes. In: ders. (1962a): Models and Metaphors. Ithaca. S. 219–243.
Bogner, Alexander/Menz, Wolfgang (2005): Das theoriegenerierende Experteninterview. Erkenntnisinteresse, Wissensformen, Interaktion. In: Bogner, Alexander/Littig, Beate/Menz, Wolfgang (Hg.): Das Experteninterview. Theorie, Methode, Anwendung. 2. Aufl. Wiesbaden. S. 33–70.
Bogner, Alexander/Littig, Beate/Menz, Wolfgang (2005) (Hg.): Das Experteninterview. Theorie, Methode, Anwendung. 2. Aufl. Wiesbaden.
Bohm, David (1998): Der Dialog. Das offene Gespräch am Ende der Diskussion. Stuttgart.
Bohnsack, Ralf (2000): Rekonstruktive Sozialforschung. Opladen.
Bohnsack, Ralf (2008): Gruppendiskussion. In: Flick, Uwe/von Kardorff, Ernst/Steinke, Ines (Hg.): Qualitative Forschung. Ein Handbuch. 6. durchges. u. aktual. Aufl. Reinbek bei Hamburg, S. 369–384.
Bohnsack, Ralf/Marotzki, Winfried/Meuser, Michael (Hg.) (2003): Hauptbegriffe Qualitativer Sozialforschung. Opladen.
Bonß, Wolfgang (1995): Vom Risiko. Unsicherheit und Ungewissheit in der Moderne. Hamburg.
Bourdieu, Pierre (1997a): Die feinen Unterschiede. Kritik der gesellschaftlichen Urteilskraft. 9. Aufl. Frankfurt a.M.
Bourdieu, Pierre (1997b): Die verborgenen Mechanismen der Macht. Schriften zur Politik & Kultur 1. unveränderter Nachdruck der Erstaufl. von 1992. Hamburg.
Bourdieu, Pierre (1998): Praktische Vernunft. Zur Theorie des Handelns. 1. Aufl. Frankfurt a.M.
Bourdieu, Pierre/Waquant, Loic J. D. (2006): Reflexive Anthropologie. 1. Aufl. Frankfurt a.M.
Boyd, Richard (1993): Metaphor and Theory Change: What is „Metaphor" a Metaphor for? In: Ortony, Andrew (Hg.): Metaphor and Thought. 2. Aufl. Cambridge. S. 481–532.

Breitling, Andris (2010): Impertinente Prädikate. Davidson, Ricœur und der Streit um die kognitive Funktion der Metapher. In: Junge, Matthias (Hg.): Metaphern in Wissenskulturen. Wiesbaden. S. 223–248.
Breuer, Franz (2009): Reflexive Grounded Theory. Eine Einführung für die Forschungspraxis. Wiesbaden.
Bronfenbrenner, Urie (1976): Ökologische Sozialisationsforschung. Stuttgart.
Brünner, Gisela (1987): Metaphern für Sprache und Kommunikation in Alltag und Wissenschaft. In: Diskussion Deutsch, 18. S.100–119.
Buber, Martin (1992): Das dialogische Prinzip. 6. durchg. Aufl. Gerlingen.
Buchholz, Michael B. (1996): Metaphern der „Kur". Eine qualitative Studie zum psychotherapeutischen Prozess. Opladen.
Buchholz, Michael B. (2003): Vorwort. In: Lakoff, George/Johnson, Mark: Leben in Metaphern. Konstruktion und Gebrauch von Sprachbildern. 3. Aufl. Heidelberg. S. 7–10.
Buchholz, Michael B. (2010): Ein psychologischer Beitrag zu einer interaktiven Metapherntheorie. In: Junge, Matthias (Hg.): Metaphern in Wissenskulturen. Wiesbaden. S. 223–248.
Buchholz, Michael B./von Kleist, Cornelia (1995): Metaphernanalyse eines Therapiegespräches. In: Buchholz, Michael B. (Hg.): Psychotherapeutische Interaktion. Qualitative Studien zu Konversation und Metapher, Geste und Plan. Opladen. S. 93–126.
Bußmann, Hadumod (2008) (Hg.): Lexikon der Sprachwissenschaft, 4. Aufl. Stuttgart.
Cameron, Lynne (1999): Identifying and describing metaphor in spoken discourse data. In: Cameron, Lynne/Low, Graham (Hg.): Researching and Applying Metaphor. Cambridge u.a. S. 105–132.
Carroll, John B. (1956): Introduction. In: Carroll, John B. (Hg.): Language, thought and reality: selected writings of Benjamin Lee Whorf. Cambridge. S. 1–34
Cooper, David E. (1986): Metaphor. Oxford/Cambridge, Mass.
Deppermann, Arnulf (2001): Gespräche analysieren. Eine Einführung. Opladen.
Deppermann, Arnulf/Spranz-Fogasy, Thomas (Hg.) (2002): Be-deuten. Wie Bedeutung im Gespräch entsteht. Tübingen.
Devereux, Georges (1973): Angst und Methode in den Verhaltenswissenschaften. München.
Ebeling, Kirsten Smilla (2006): Amazonen, Jungfernzeugung, Pseudomännchen und ein feministisches Paradies. Metaphern in evolutionsbiologischen Fortpflanzungstheorien. In: Ebeling, Kirsten Smilla/Schmitz, Sigrid (Hg.): Geschlechterforschung und Naturwissenschaften. Einführung in ein komplexes Wechselspiel (= Studien interdisziplinäre Geschlechterforschung Band 14). Wiesbaden. S. 75–94.
Ebeling, Kirsten Smilla/Jäckel, Jennifer/Meßmer, Ruth/Nicoleyczik, Katrin/Schmitz, Sigrid (2006): Methodenauswahl der geschlechterspezifischen Naturwissenschaftsanalyse. In: Ebeling, Kirsten Smilla/Schmitz, Sigrid (Hg.): Geschlechterforschung und Naturwissenschaften. Einführung in ein komplexes Wechselspiel (= Studien interdisziplinäre Geschlechterforschung Band 14). Wiesbaden. S. 297–330.
Eco, Umberto (1977): Zeichen. Einführung in einen Begriff und seine Geschichte. Frankfurt a.M.
Ehrlich, Konrad (1986): Die Entwicklung von Kommunikationstypologien und die Formbestimmtheit sprachlichen Handelns. In: Kommunikationstypologie. Handlungsmuster, Textsorten, Situationstypen. (= Jahrbuch 1985 des IdS). Düsseldorf. S. 47–72.
Erdheim, Mario (1988): Zum Problem der gleichschwebenden Aufmerksamkeit. In: Psyche – Zeitschrift für Psychoanalyse. 42(3). S. 221–224.
Fielding, Nigel G./Lee, Raymond M. (1998): Computer Analysis and Qualitative Research. London u.a.
Flick, Uwe (2007): Qualitative Sozialforschung. Eine Einführung. Vollst. überarb. u. erw. Neuausgabe. Reinbek bei Hamburg.
Flusser, Vilém (1994): Vom Subjekt zum Projekt. Menschwerdung. Schriften Bd. 3. Bensheim/Düsseldorf.
Foucault, Michel (1981): Archäologie des Wissens. 14. Aufl. Frankfurt a.M.
Garfinkel, Harold (1967): Studies in ethnomethodology. Englewood Cliffs (New Jersey).

Garfinkel, Harold (1973): Das Alltagswissen über soziale und innerhalb sozialer Strukturen. In: Arbeitsgruppe Bielefelder Soziologen (Hg.): Alltagswissen, Interaktion und gesellschaftliche Wirklichkeit. Band 2. Reinbek bei Hamburg. S.189–214.
Gibbs, Raymond W. Jr. (1999): Researching metaphor. In: Cameron, Lynne/Low, Graham (Hg.): Researching and Applying Metaphor. Cambridge u.a. S. 29–47.
Girtler, Roland (2001): Methoden der Feldforschung. 4. völlig neu bearb. Aufl. Wien.
Goodenough, Ward H. (1957): Cultural anthropology and linguistics. In: Garvin, Paul L. (Hg.): Report of the Seventh Annual Round table Meeting on Linguistics and Language Study. Washington, D.C.: Georgetown University, Monograph Series on Language and Linguistics No. 9. S. 167–173
Göttert, Karl-Heinz/Jungen, Oliver (2004): Einführung in die Stilistik. München.
Gumperz, John/Levinson, Stephen C. (1996): Introduction: linguistic relativity re-examined. In: dies. (Hg.): Rethinking linguistic relativity (= Studies in the Social and Cultural Foundations of Language 17). Cambridge. S. 1–18.
Habermas, Jürgen (1988): Der philosophische Diskurs der Moderne. Zwölf Vorlesungen. 1. Aufl. Frankfurt a.M.
Habermas, Jürgen (1995a): Theorie des kommunikativen Handelns. Handlungsrationalität und gesellschaftliche Rationalisierung. Band 1. Frankfurt a.M.
Habermas, Jürgen (1995b): Theorie des kommunikativen Handelns. Zur Kritik der funktionalistischen Vernunft. Band 2. Frankfurt a.M.
Harré, Rom/van Langenhove, Luk (Hg.) (1999): Positioning theory: moral contexts of intentional action. Oxford.
Heine, Heinrich (2002, Oktober): Buch der Lieder. 10. Aufl. In: Projekt Gutenberg. Online verfügbar: http://www.gutenberg.org/dirs/etext02/8lied10.txt [07/2010].
Helfferich, Cornelia (2005): Qualität qualitativer Daten – Manual zur Durchführung qualitativer Einzelinterviews. 2. Aufl. Wiesbaden.
Helfferich, Cornelia/Klindworth, Heike/Kruse, Jan (2006): „männer leben" – Eine Studie zu Lebensläufen und Familienplanung. Vertiefungsbericht. Herausgeberin: Bundeszentrale für gesundheitliche Aufklärung (BzgA), Köln/BZgA (beziehbar über www.bzga.de).
Helfferich, Cornelia/Kruse, Jan (2007): Hermeneutisches Fremdverstehen als eine sensibilisierende Praxeologie für sozialarbeiterische Beratungskontexte. Oder: Vom „professionellen Blick" zum „hermeneutischen Ohr". In: Miethe, Ingrid/Fischer, Wolfram/Giebeler, Cornelia/Goblirsch, Martina/Riemann, Gerhard (Hg.): Rekonstruktion und Intervention. Interdisziplinäre Beiträge zur rekonstruktiven Sozialarbeitsforschung. Leverkusen. S. 175–188.
Heringer, Hans Jürgen (1988): Sprachkritik – die Fortsetzung der Politik mit besseren Mitteln. In: ders. (Hg.): Holzfeuer in Hölzernen Öfen. Aufsätze zur politischen Sprachkritik. 2. Aufl. Tübingen. S. 3–34.
Hesse, Mary B. (1996): Models and Analogies in Science. Notre Dame.
Higl, Michael (2008): Theorie der Genossenschaft. Frankfurt a.M.
Hildenbrand, Bruno (2005): Fallrekonstruktive Familienforschung. Anleitungen für die Praxis. Wiesbaden.
Hirschauer, Stefan/Amann, Klaus (1997) (Hg.): Die Befremdung der eigenen Kultur. Zur ethnographischen Herausforderung soziologischer Empirie. Frankfurt a.M.
Hitzler, Ronald (1986): Die Attitüde der künstlichen Dummheit. In: Sozialwissenschaftliche Informationen (SOWI), 15(3). S. 53–59.
Hitzler, Ronald (1993): Verstehen: Alltagspraxis und wissenschaftliches Programm. In: Jung, Thomas/Müller-Dohm, Stefan (Hg.): „Wirklichkeit" im Deutungsprozess. Frankfurt a.M. S. 223–240.
Hitzler, Ronald et al. (Hg.) (1999): Hermeneutische Wissenssoziologie: Standpunkte zur Theorie der Interpretation. Konstanz.
Hollway, Wendy (1984): Gender difference and the production of subjectivity. In: Henriques, Julian/Hollway, Wendy/Urwin, Cathy/Venn, Couze/Walkerdine, Valerie (Hg.): Changing the subject. Psychology, social regulation and subjectivity. London. S. 227–263.

Hopf, Christel (1978): Die Pseudo-Exploration – Überlegungen zur Technik qualitativer Interviews in der Sozialforschung; In: Zeitschrift für Soziologie, 7(1). S. 97–115.
Huizinga, Johan (1956): Homo ludens. Vom Ursprung der Kultur im Spiel. Reinbek.
Isaacs, William (2002): Dialog als Kunst gemeinsam zu denken. Die neue Kommunikationskultur in Organisationen. Bergisch-Gladbach.
Jäkel, Olaf (1997): Metaphern in abstrakten Diskurs-Domänen: eine kognitiv-linguistische Untersuchung anhand der Bereiche Geistestätigkeit, Wirtschaft und Wissenschaft. Frankfurt am Main.
Johnson, Mark (2008): Philosophy's debt to metaphor. In: Gibbs, Raymond W. (Hg.): The Cambridge Handbook of Metaphor and Thought. Cambridge [u.a.]. S. 39–52.
Jullien, Francois (2006): Vortrag vor Managern über Wirksamkeit und Effizienz in China und im Westen. Berlin.
Junge, Matthias (2010): Der soziale Gebrauch der Metapher. In: Junge, Matthias (Hg.): Metaphern in Wissenskulturen. Wiesbaden. S. 265–279.
Kardorff, Ernst von (1995): Qualitative Sozialforschung – Versuch einer Standortbestimmung. In: Flick, Uwe/Kardorff, Ernst von/Keupp, Heiner/Rosenstiel, Lutz von/Wolff, Stephan (Hg.): Handbuch Qualitative Sozialforschung. Grundlagen, Konzepte, Methoden und Anwendungen. Weinheim. S. 3–10.
Keil, Geert (1991): Zur Kritik des Naturalismus. Dissertation (Manuskript). Universität Hamburg.
Kelle, Udo (1996): Die Bedeutung theoretischen Vorwissens in der Methodologie der Grounded Theory. In: Strobl, Rainer/Böttger, Andreas (Hg.): Wahre Geschichten? Zur Theorie und Praxis qualitativer Interviews. Baden-Baden. S. 23–48.
Keller, Reiner (2004): Diskursforschung. Eine Einführung für Sozialwissenschaftler/innen. Opladen.
Kittay, Eva F. (1987): Metaphor: Its Cognitive Force and Linguistic Structure. Oxford.
Kleemann, Frank/Krähnke, Uwe/Matuschek, Ingo (2009): Interpretative Sozialforschung. Eine praxisorientierte Einführung. 1. Aufl. Wiesbaden.
Koob, Dirk (2007): Loriot als Symbolischer Interaktionist. Oder: Warum man selbst in der Badewanne gelegentlich soziale Ordnung aushandeln muss [49 Absätze]. In: Forum Qualitative Sozialforschung/Forum: Qualitative Social Research, 8(1). Verfügbar unter: http://nbn-resolving.de/urn:nbn:de:0114-fqs0701279 [Zugriff: 08/2010].
Korobov, Neill (2001): Reconciling Theory with Method: From Conversation Analysis and Critical Discourse Analysis to Positioning Analysis [36 Absätze]. Forum Qualitative Sozialforschung/Forum: Qualitative Social Research, 2(3). Verfügbar unter: http://nbn-resolving.de/urn:nbn:de:0114-fqs0103119 [Zugriff: 08/2010].
Kruse, Jan (2009a): Qualitative Sozialforschung – interkulturell gelesen: Die Reflexion der Selbstauslegung im Akt des Fremdverstehens [30 Absätze]. Forum Qualitative Sozialforschung/Forum: Qualitative Social Research, 10(1). Verfügbar unter: http://nbn-resolving.de/urn:nbn:de:0114-fqs0901162 [Zugriff: 08/2010].
Kruse, Jan (2009b): Indexikalität und Fremdverstehen: Problemfelder kommunikativer Verstehensprozesse. In: Rehbein, Boike/Saalmann, Gernot (Hg.): Verstehen. Konstanz. S. 133–150.
Kruse, Jan (2009c): Die Reflexivität Qualitativer Forschung – oder: Was erfahren wir über uns selbst, wenn wir qualitativ forschen? In: Neises, Mechthild/Weidner, Kerstin (Hg.): Qualitative Forschung in der Psychosomatischen Frauenheilkunde. Lengerich u.a. S. 9–42.
Kruse, Jan (2010, Oktober): Reader „Einführung in die Qualitative Interviewforschung", Freiburg. (Online-Reader). Bezug über: www.soziologie.uni-freiburg.de/kruse.
Kruse, Jan (2011, im Druck): Strukturierung versus Offenheit: Theoretische Sensibilisierung als Ausgangsbasis des rekonstruktiven Paradigmas. In: Gredig, Daniel/Schnurr, Stefan (Hg.): Forschen in der Sozialen Arbeit. Methodische Herausforderungen und exemplarische Lösungen. Baltmannsweiler.
Kuhn, Thomas S. (1970): The structure of scientific revolutions. 2. Aufl. Chicago.
Kuhn, Thomas S. (1993): Metaphor in Science. In: Ortony, Andrew (Hg.): Metaphor and Thought. 2. Aufl. Cambridge. S. 533–542.

Kurt, Ronald (1995): Subjektivität und Intersubjektivität. Kritik der konstruktivistischen Vernunft. Frankfurt/New York.
Kurt, Ronald (2002): Menschenbild und Methode der Sozialphänomenologie. Konstanz.
Kurt, Ronald (2009): Hermeneutik: Die Kunstlehre des (Nicht-)Verstehens. In: Rehbein, Boike/Saalmann, Gernot (Hg.): Verstehen. Konstanz. S. 71–92.
Kurz, Gerhard (2004): Metapher, Allegorie, Symbol. 5. Aufl. Göttingen.
Kvale, Steinar (1989): To validate is to question. In: Kvale, Steinar (Hg.): Issues of validity in qualitative Research. Lund. S. 73–92
Lakoff, George/Wehling, Elisabeth (2008): Auf leisen Sohlen ins Gehirn. Politische Sprache und ihre heimliche Macht. Heidelberg.
Lakoff, George (1993): The Contemporary Theory of Metaphor. In: Ortony, Andrew (Hg.): Metaphor and Thought. 2. Aufl. Cambridge. S. 202–251.
Lakoff, George/Johnson, Mark (1980a): The Metaphorical Structure of the Human Conceptual System. In: Cognitive Science, 4(2). S. 195–208.
Lakoff, George/Johnson, Mark (1980b): Metaphors we live by. Chicago.
Lakoff, George/Johnson, Mark (2003): Leben in Metaphern. Konstruktion und Gebrauch von Sprachbildern. 3. Aufl. Heidelberg.
Lamnek, Siegfried (1995): Qualitative Sozialforschung. Band 1: Methodologie. Weinheim.
Leber, Martina/Oevermann, Ulrich (1994): Möglichkeiten der Therapieverlaufsanalyse in der objektiven Hermeneutik. Eine exemplarische Analyse der ersten Minuten einer Fokaltherapie aus der Ulmer Textband („Der Student"). In: Garz, Dieter/Kraimer, Klaus (Hg.): Die Welt als Text. Frankfurt a.M. S. 383–427.
Lee, Raymond M./Fielding, Nigel G. (1995): Users' Experiences of Qualitative Data Analysis Software. In: Kelle, Udo (Hg.): Computer-aided qualitative data analysis – theory, methods and practice. London u.a. S. 29–40.
Linke, Angelika/Nussbaumer, Markus/Portmann, Paul R. (2001): Studienbuch Linguistik. 4. unv. Aufl. Tübingen.
Low, Graham (1999a): Validating metaphor research projects. In: Cameron, Lynne/Low, Graham (Hg.): Researching and Applying Metaphor. Cambridge u.a. S. 48–65.
Low, Graham (1999b): „The paper thinks..." Investigating the acceptability of the metaphor AN ESSAY IS A PERSON. In: Cameron, Lynne/Low, Graham (Hg.): Researching and Applying Metaphor. Cambridge u.a. S. 221–248.
Lucius-Hoene, Gabriele/Deppermann, Arnulf (2002): Rekonstruktion narrativer Identität. Ein Arbeitsbuch zur Analyse narrativer Interviews. Opladen.
Lüders, Christian (2008): Beobachten im Feld und Ethnographie. In: Flick, Uwe/von Kardorff, Ernst/Steinke, Ines (Hg.): Qualitative Forschung. Ein Handbuch. 6. durchg. u. aktual. Aufl. Weinheim. S. 384–401.
Lüscher, Kurt (2008): Großelternschaft – eine soziologische Annäherung. In: Klosinski, Gunther (Hg.): Großeltern heute – Hilfe oder Hemmnis? Analysen und Perspektiven für die pädagogisch-psychologische Praxis. S. 33–58. Online verfügbar: http://www.kurtluescher.de/ (unter „Neueste Publikationen") [Zugriff: 07/2010].
Lutzeier, Peter Rolf (2002): Wort und Bedeutung. Grundzüge der lexikalischen Semantik. In: Dittmann, Jürgen/Schmidt, Claudia (Hg.): Über Wörter. Grundkurs Linguistik. Freiburg. S. 33–58.
Lyotard, Jean-Francois (1999): Das postmoderne Wissen. Ein Bericht. 4. unveränd. Neuaufl. Wien.
Mahon, James E. (1999): Getting your sources right: What Aristotle didn't say. In: Cameron, Lynne/Low, Graham (Hg.): Researching and Applying Metaphor. Cambridge. S. 81–104.
Mannheim, Karl (1980): Strukturen des Denkens. Herausgegeben von Kettler, David/Meja, Volker/Stehr, Nico. Frankfurt a.M.
Marsch, Sabine (2007): Metaphern des Lehrens und Lernens – Metaphernanalyse mit MAXQDA. In: Kuckartz, Udo (Hg.): CAQD 2007: Computergestützte Analyse Qualitativer Daten. MAXQDA Anwenderkonferenz. Philipps-Universität Marburg 7. bis 9. März 2007. S. 34–43. Verfügbar unter: http://www.caqd.de/attachments/028_band2007.pdf [Zugriff: 07/2010].

Martin, Emily (1993): Ei und Sperma – eine wissenschaftliche Romanze aus dem Stoff, aus dem die Geschlechterstereotypen sind. In: Buchholz, Michael (Hg.): Metaphernanalyse. Göttingen. S. 293–310.

Mayer, Richard E. (1993): The instructive metaphor: Metaphoric aids to student's understanding of science. In: Ortony, Andrew (Hg.): Metaphor and Thought. 2. Aufl. Cambridge. S. 561–578.

Mayring, Philipp (2003): Qualitative Inhaltsanalyse: Grundlagen und Techniken. Weinheim u. Basel.

Meuser, Michael/Nagel, Ulrike (2005): ExpertInneninterviews – vielfach erprobt, wenig bedacht. Ein Beitrag zur qualitativen Methodendiskussion. In: Bogner, Alexander/Littig, Beate/ Menz, Wolfgang (Hg.): Das Experteninterview: Theorie, Methode, Anwendung. Wiesbaden. S. 71–94.

Netdoktor.de (2006): „Spermien lieben Maiglöckchenduft" Verfügbar unter: http://www.netdoktor.de/feature/duft_spermien.htm [Zugriff: 8/2010].

Niedermair, Klaus (2001): Metaphernanalyse. In: Hug, Theo (Hg.): Wie kommt Wissenschaft zu Wissen? Bd. 2: Einführung in die Forschungsmethodik und Forschungspraxis. Baltmannsweiler. S. 144–165.

Nietzsche, Friedrich (2000): Die fröhliche Wissenschaft. 2. Ausg. Stuttgart.

Nöth, Winfried (2002): Wörter als Zeichen. Einige semiotische Aspekte der Sprache. In: Dittmann, Jürgen/Schmidt, Claudia (Hg.): Über Wörter. Grundkurs Linguistik. Freiburg. S. 9–32.

Ogden, Charles K./Richards, Ivor A. (1925): The Meaning of Meaning: A Study of the Influence of Language upon Thought and of the Science of Symbolism. New York.

Olson, Gary A. (1991): The Social Scientist as Author: Clifford Geertz on Ethnography and Social Construction. In: Journal of Advanced Composition, 11(2). S. 245–268. Verfügbar unter: http://www.jacweb.org/Archived_volumes/Text_articles/V11_I2_OlsonGeertz.htm [Zugriff: 12/2010].

Oser, Fritz/Spychiger, Maria (2005): Lernen ist schmerzhaft. Zur Theorie des Negativen Wissens und zur Praxis der Fehlerkultur. Weinheim und Basel.

Osten, Manfred (2008): West-Östlicher Divan der Fehlerkultur – ein Exkurs. Japan und die Belehrungsgesellschaft des Westens. In: Caspary, Ralf (Hg.): Nur wer Fehler macht, kommt weiter. Wege zu einer neuen Lernkultur. Freiburg. S. 120–134.

Pielenz, Michael (1993): Argumentation und Metapher. Tübingen. (= Tübinger Beiträge zur Linguistik 381, zugleich Phil. Diss. Frankfurt/Main 1992).

Przyborski, Aglaja/Wohlrab-Sahr, Monika (2008): Qualitative Sozialforschung. Ein Arbeitsbuch. München.

Psathas, George (1973): Ethnotheorie, Ethnomethodologie und Phänomenologie. In: Arbeitsgruppe Bielefelder Soziologen (Hg.): Alltagswissen, Interaktion und gesellschaftliche Wirklichkeit. Band 2. Frankfurt a.M. S. 263–284.

Rathmayr, Bernhard (1991): Jäger, Feldherrn, Vogelkundler, Detektive und Wanderer: Zur Metaphorik sozialwissenschaftlicher Forschung. In: Hug, Theo (Hg.): Erziehungswissenschaft als Lebensform. Theoretische und erfahrungsreflexive Beiträge zur Hochschuldidaktik und Wissenschaftsforschung. Innsbruck. S. 143–155.

Reddy, Michael (1979): The Conduit Metaphor: A Case of Frame Conflict in our Language about Language. In: Ortony, Andrew (Hg.): Metaphor and Thought. Cambridge. S. 284–324.

Rehbein, Boike/Saalmann, Gernot (2009) (Hg.): Verstehen. Konstanz.

Reichertz, Jo (2008): Wer nur einen Hammer hat, dem gerät die Welt leicht zum Nagel. Eine Polemik – nicht gegen Udo Kelle, sondern gegen die, die sich zu Unrecht auf ihn berufen. Symposium: Zur Integration qualitativer und quantitativer Sozialforschung. 4. Berliner Methodentreffen. Verfügbar unter: http://www.qualitativeforschung.de/methodentreffen/archiv/texte/texte_2008/reichertz.pdf [Zugriff: 10/2008].

Richards, Ivor A. (1965; 1936): The Philosopy of Rhetoric. London.

Rigney, Daniel (2001): The Metaphorical Society. London.

Rigotti, Francesca (1994): Die Macht und ihre Metaphern: Über die sprachlichen Bilder der Politik. Frankfurt a.M.

Schein, Edgar. H. (2003): Organisationskultur. The Ed Schein Corporate Culture Survival Guide. Bergisch Gladbach.

Schlund, Wolf (2000): Vom Wesen qualitativer Forschung. In: Planung & Analyse, 28(5). S. 54–58.

Schmieder, Christian (2009): Technik der Legitimation – Legitimation der Technik. Eine qualitative Studie zur Verwendung von MAXqda in qualitativem Forschen. Freiburg: Dokumentenserver Albert-Ludwigs-Universität Freiburg. Verfügbar unter: http://www.freidok.uni-freiburg.de/volltexte/7082/ [Zugriff: 07/2010].

Schmitt, Rudolf (1997): Metaphernanalyse als sozialwissenschaftliche Methode. Mit einigen Bemerkungen zur theoretischen „Fundierung" psychosozialen Handelns. In: Psychologie & Gesellschaftskritik, 21(1). Frankfurt. S. 57–86. Verfügbar unter: http://www.hs-zigr.de/~schmitt/aufsatz/kritmeth.htm [Zugriff: 07/2010].

Schmitt, Rudolf (2003). Methode und Subjektivität in der systematischen Metaphernanalyse [54 Absätze]. In: Forum Qualitative Sozialforschung/Forum: Qualitative Social Research, 4(2). Verfügbar unter: http://www.qualitative-research.net/index.php/fqs/article/view/714/1546 [Zugriff: 07/2010].

Schmitz, Sigrid/Christian Schmieder (2006): Popularisierungen. Zwischen Naturwissenschaften, Medien und Gesellschaft. In: Ebeling, Kirsten Smilla/Schmitz, Sigrid (Hg.): Geschlechterforschung und Naturwissenschaften. Einführung in ein komplexes Wechselspiel (= Studien interdisziplinäre Geschlechterforschung Band 14). Wiesbaden. S. 362–378.

Schneider, Hans J. (2010): Die Kreativität der Metapher. In: Junge, Matthias (Hg.): Metaphern in Wissenskulturen. Wiesbaden. S. 171–186.

Scholz, Gerold (2005): Teilnehmende Beobachtung: eine Methodologie oder eine Methode? In: Mey, Günter (Hg.): Handbuch Qualitative Entwicklungspsychologie. Köln. S. 381–411.

Schöffel, Georg (1987): Denken in Metaphern: Zur Logik sprachlicher Bilder. Opladen.

Schütz, Alfred (1974): Der sinnhafte Aufbau der sozialen Welt: eine Einleitung in die verstehende Soziologie. Wien.

Schütze, Fritz/Meinefeld, Werner/Springer, Werner/Weymann, Ansgar (1973): Grundlagentheoretische Voraussetzungen methodisch kontrollierten Fremdverstehens. In: AG Bielefelder Soziologen (Hg.): Alltagswissen, Interaktion und gesellschaftliche Wirklichkeit. Band 1. Reinbek bei Hamburg. S. 433–495.

Searle, John R. (1979): Metaphor. In: Ortony, Andrew (Hg): Metaphor and Thought. Cambridge. S. 92–123.

Sennett, Richard (2008): Handwerk. Berlin.

Soeffner, Hans-Georg (2004): Auslegung des Alltags – Der Alltag der Auslegung. Weinheim u.a.

Sowinski, Bernhard (1991): Stilistik. Stuttgart. (= Realien zur Literatur, Band 263).

Spitzmüller, Jürgen (2005): Metasprachdiskurse: Einstellungen zu Anglizismen und ihre wissenschaftliche Rezeption. Berlin/New York. (=Linguistik – Impulse & Tendenzen 11).

Steen, Gerard (1999): Metaphor and discourse: Towards a linguistic checklist for metaphor analysis. In: Cameron, Lynne/Low, Graham (Hg.): Researching and Applying Metaphor. Cambridge u.a. S. 81–104.

Steinke, Ines (2008): Gütekriterien qualitativer Forschung. In: Flick, Uwe/von Kardorff, Ernst/Steinke, Ines (Hg.): Qualitative Forschung. Ein Handbuch. 6. durchgesehene und aktualisierte Aufl. Hamburg. S. 319–331.

Strauss, Anselm/Corbin, Juliet (1996): Grundlagen Qualitativer Sozialforschung. Weinheim.

Stukenbrock, Anja (2005): Sprachnationalismus. Sprachreflexion als Medium kollektiver Identitätsstiftung in Deutschland (1617–1945). Berlin, New York.

Suddaby, Roy (2006): From the Editors: What Grounded Theory is not. In: Academy of Management Journal, 49(4). S. 633–642.

Thornton, Steven (2009): Karl Popper. In: Stanford Encyclopedia of Philosophy. Verfügbar unter: http://plato.stanford.edu/entries/popper/ [Zugriff: 06/2010].

Tietel, Erhard (2000, Juni): Das Interview als Beziehungsraum [20 Absätze]. In: Forum Qualitative Sozialforschung/Forum: Qualitative Social Research [Online Journal], 1(2). Verfügbar unter: http://www.qualitative-research.net/index.php/fqs/article/view/1095 [Zugriff: 08/2010].

Traugott, Elisabeth C. (1985): ‚Conventional' and ‚Dead' Metaphors Revisited. In: Paprotté, Wolf/ Dirven, René (Hg.): The Ubiquity of Metaphor: Metaphor in Language and Thought. Amsterdam/Philadelphia. S. 17–56.

Watzlawick, Paul (1976): Wie wirklich ist die Wirklichkeit? Wahn, Täuschung, Verstehen. München u.a.

Watzlawick, Paul/Beavin, Janet H./Jackson, Don D. (1995): Menschliche Kommunikation: Formen, Störungen, Paradoxien. Bern u.a.

Weinrich, Harald (1964): Metaphora memoriae. In: ders. (1976): Sprache in Texten. Stuttgart, S. 291–294.

Weinrich, Harald (1976): Münze und Wort. Untersuchungen zu einem Bildfeld. In: ders.: Sprache in Texten. Stuttgart. S. 276–291.

Wernet, Andreas (2006): Einführung in die Interpretationstechnik der Objektiven Hermeneutik. Wiesbaden.

Whorf, Benjamin L. (1956): Linguistics as an exact science. In: Carroll, John B. (Hg.): Language, thought and reality: selected writings of Benjamin Lee Whorf. Cambridge. S. 220–232.

Wolf, Angelika (1996): Essensmetaphern im Kontext von Aids und Hexerei in Malawi. In: Wolf, Angelika/Stürzer, Michael (Hg.): Die gesellschaftliche Konstruktion von Befindlichkeit: Ein Sammelband zur Medizinethnologie. Berlin. S. 205–221.

MIX
Papier aus verantwortungsvollen Quellen
Paper from responsible sources
FSC® C105338

If you have any concerns about our products,
you can contact us on
ProductSafety@springernature.com

In case Publisher is established outside the EU,
the EU authorized representative is:
**Springer Nature Customer Service Center GmbH
Europaplatz 3, 69115 Heidelberg, Germany**

Printed by Libri Plureos GmbH
in Hamburg, Germany